仏典で実証する

葬式仏教正当論

鈴木 隆泰
Suzuki Takayasu

興山舎
KOHZANSHA

はじめに

日本の仏教のお坊さんたちは長らく、日本人のお葬式と先祖供養の祭祀の執行に携わってきました。日本人も日本のお坊さんも、それが当然のことだと思ってきました。ところが近代、特に戦後になってから、〝学者〟や〝知識人〟と呼ばれる方々が次々と、「インドの原典によれば、仏教の開祖である釈尊（お釈迦さま）は、僧侶が葬式を執行することを禁じていた。それなのに日本の僧侶は葬式を執行し、それを生業《なりわい》としている。これはけしからんことだ。日本仏教は、堕落した〈葬式仏教〉なのだ」と指摘するようになりました。このような「学問的発言」を受けて、一部の在家の方々の中には、日本の伝統仏教のありかたを痛烈に批判する方もいらっしゃるようになりました。

実はこのような「学問的発言」に一番ショックを受けたのが、取りも直さず日本のお坊さんたちだったのです。「釈尊はダメだと仰った。でも自分たちはお葬式を執行している。

自分たちは釈尊のご意向に背く、不埒者なのか」と、多くのお坊さんが嘆きつつ、それでもお寺の住職としてお葬式を執行し続けてきました。多くの日本のお坊さんの心は「後ろめたさ」で一杯だったといえるでしょう。

筆者は寺院住職の長男としてこの世に生を受け、いわゆる「仏飯《ぶっぱん》」を食《は》んで育ってきました。日々のお勤め等を通して仏教や仏典に触れており、寺院で行われる諸行事も含め、それら全てを「当然のこと、正しいこと」として受け止めていました。ところが成長するにつれ、お坊さんたちが「自分たちは釈尊を裏切っている」と嘆いていることを知り、大きな衝撃を受けました。なぜならばそれは、筆者自身も「最も信頼する釈尊を裏切って得たもので成長してきた」ことを意味したからです。このことを契機に、筆者の寺院に対する興味は薄れていき（幸い、仏教自体に対する興味はなくなりませんでしたが）、将来は科学技術に携わる者になろうと思い、大学も宗門大学ではなく一般大学の工学部に進学しました。その後、在学中も卒業後もいろいろなことがあり、勤め先を辞めて同じ大学の文学部（印度哲学）。現インド哲学仏教学）の三年次に学士入学した際も、「自分は、仏教の原点であるインドだけを見続ける。釈尊を裏切る、堕落した日本仏教などに興味はない」

と本気で思っていたのです。

しかしひと口にインド仏教を学問的に学ぶといっても、実はなかなか大変なことでした。原典を読むために、どうしても「語学力」が必要になるからです。翻訳とは「誰か他人の解釈」です。自分自身で原典を読むことができなければ、いつまでも「他人の解釈」に寄りかからざるを得ず、学問的な議論も考察も始められません。原典という対象に自ら向かい合うことなく、他人の解釈に依存し続けたままでは、何を発言しようとも所詮は「誰かの受け売り」に過ぎないのです。それでは、いつまで経っても「専門家」になることはできません。

大乗仏典を読むために必要な言語は、最低でもサンスクリット語、パーリ語、チベット語、古典中国語で、特にサンスクリット語は、古典ギリシャ語、ラテン語と並んで、「世界で最も修得の難しい言語」とまでいわれています。語学が大変で、学ぶのを断念してしまう人も少なくありませんでした。

でも、「仏典を原語で読むんだ。インド仏教は純粋なんだ」という〝虚仮《こけ》の一念〟で突き進んだ結果、ありがたいことに母校より博士号も授与され、曲がりなりにも「仏教学研究者」の末席に連なることができました。今思い返すとその〝一念〟とは、自分が仏飯を食んできたことを肯定するための、一種の「自己存在証明」であったのかもしれません。

ところがです。仏典を読み進めるうちに、筆者の中に徐々に変化が生じてきました。原典を読み続けることを通して、仏教という宗教の「特性」「本質」が次第に見えてきたのです。

「あれ？　日本仏教って、表面的には違って見えても、その本質はインド仏教と同じなんじゃないだろうか」

この想いは、時が経つにつれてより強いものへと変わっていきました。インド仏教を見つめ続けたことで、それがいわば「鏡」のようになって、反照として日本仏教が照らし出されてきたのです。そこでその端緒として、インド仏教と儀礼の関係を論じた〝Rites and Buddhism〟を世に問うたところ、幸いにも日本印度学仏教学会より学会賞を頂戴する栄に浴しました。また、「釈尊は僧侶が葬式を執行するのを禁じた」というのも、実に、原典の誤読・誤解によるものだということが分かってきました。「日本仏教は、インド仏教と全く違う、堕落した〈葬式仏教〉である」という「学問的発言」自体、全くの見当外れだったことがはっきりしてきたのです。

近代の学問が日本仏教を侮辱し、その精神性・宗教性を傷つけ、日本仏教に携わる者から誇りと自信を奪い取りました。加えて、在家者にも日本仏教に対する不信感を植え付け、困ったことがあったらお坊さんに相談しようという思いを大きく挫きました。それらの多くが学問に端を発する以上、失われた価値・可能性を回復することは、学問の世界の末席を汚す者として、どうしても行わなければならない責務・罪滅ぼしだと強く感じるようになりました。本書は、筆者の仏教学研究者としての「懺悔《さんげ》の書」でもあります。

読者諸賢におかれましては、是非本書をお読みいただき、葬式仏教と揶揄されたこれまでの疑問や悩みや誤解を払拭していただくとともに、かかる様々な過ちが繰り返されることを未然に防いでいただければ幸いです。

葬式仏教正当論

―仏典で実証する―

目次

装丁　長谷川葉月

第1章

葬式仏教・祈禱仏教は間違っていない

近代仏教学と日本の伝統仏教のギャップ

日本への仏教伝来以降、長い年月が経ちました[1]。仏教は日本に定着、浸透し、様々な信仰、文化を生み出してきたことは異論のないところでしょう。

ところで、近代になって日本の仏教に大きな転機が訪れました[2]。

それは、文献学的手法に基づいた新たな仏教学が西洋から導入されたことです[3]。ところがこの近代仏教学が描き出した「インド本来のオリジナルな仏教」とされる姿は、全般的に見て高度に哲学的な教義を持ち、理性的で、合理的であり、儀礼的要素も、呪術的要素もほとんどないという性格を持つものでした[4]。

すなわち、「仏教の起源」に置かれ、なおかつ、歴史的な一人の人間としてのブッダ・シャーキャムニ（釈尊、釈迦牟尼）[5]は、近代仏教学においては宗教家というより、むしろ哲学者・道徳家として扱われることが多くなったのです。また、「インド本来の仏教」を解明する材料としても、それまで日本では「小乗仏典」[6]としてほとんど顧みられることのなかった初期仏典（原始仏典。南伝上座部《じょうざぶ》所伝のパーリ仏典や漢訳の阿含経《あごんきょう》など）が好まれることとなりました。

　このために、大乗仏典に表れる偉大な宗教家・救済者としての壮大なブッダのイメージも、その中に説かれる種々の儀礼や呪法も、初期仏典から導かれる、「哲学者・道徳家としてのブッダ釈尊」の像や、哲学的で、理性的で、合理的で、儀礼的要素も呪術的要素もほぼ皆無という「インド本来の仏教」の像にそぐわないものと見なされたのです(7)。

　こうしたことから、初期仏典を題材として描き出されたいわゆる「インド本来のオリジナルな仏教」と、それまで長きにわたって漢訳の大乗経典を聖典と仰ぎ、そこに表れる壮大なブッダ（阿弥陀仏や久遠実成《くおんじつじょう》の釈尊や大日如来など）を信仰し、そして葬儀や祈禱など様々な儀礼・呪法に携わってきた日本の伝統仏教との間に、極めて大きな溝、乖離、ギャップが生み出されることとなりました。

　日本仏教を「葬式仏教」と呼ぶとき、そこに「本来の仏教とはかけ離れ、変質し、堕落した仏教」という侮辱の気持ちが、程度の差はありましょうが、込められていることが多いのは、このような事情を反映したものといえるでしょう(8)。

　さらに問題だと考えられることは、このような近代仏教学による評価が日本の伝統仏教の根底を揺るがしかねないものであるにもかかわらず、今日に至るまで、両者の間に横たわるギャップを埋める作業や、両者の距離をきちんと測って正しく評価しようという作業が充分になされてきたとは言いがたいのではないか、ということです。それがために、日本の伝統仏教に携わる人々は、その方が誠実であろうとすればするほど、自らの勤行・修行はおろか、時には自らの信仰についてさえ、その正当性――自分の勤行、修行、信仰は正しいものか――、そして、正統性――自分の勤行、修行、信仰はきちんと釈尊から繋がっているものか――に疑問を抱き、苦悶することとなったのです。

しかし本当に、「インド本来のオリジナルな仏教」は哲学的で、理性的で、合理的で、儀礼的要素も呪術的要素もほぼ皆無であって、日本の伝統仏教とはかけ離れた姿をしていたのでしょうか。また、もし仮にそうであったとしても、それはそのまま「日本仏教の変質や堕落」を意味するものなのでしょうか。

実は最近、そのことに問題意識を持ち始めた研究者の方々が徐々に増えてきました。

そこで、以下に、これまでのいろいろな研究成果に導かれながら、〈インド仏教の真の姿・実像〉を追うことによって、インド仏教と日本仏教との間に横たわる様々なギャップの問題を明らかにし、その解消はいかにしてできるかを試みてみたいと思います。

初期仏典に見るインドの仏教

先に述べましたように、初期仏典に基づく近代仏教学は哲学的で、合理的で、儀礼的・呪術的要素が皆無に近い仏教の姿を、数多の例を挙げて描き出してきました。代表的なものを要約しつつ、見ていきましょう。かなりショッキングな記述が続きますが、これらの記述が、明治期の「大乗仏教非仏説《ひぶっせつ》論」や昭和期の「在家仏教」の興隆に大きな影響を与えたことも申し添えておきたいと思います。

1　祈禱・祈願は役に立たない（『相応部経典＝サンユッタ・ニカーヤ』より[9]）

ある村長が釈尊に問いました。

「バラモンたちは死者を送る祈禱を行い、彼らを天界に昇らせるそうですが、あなたもまた、死者を天界に転生させることができるのですか」

釈尊が答えます。

「村長よ、たとえば巨大な石を深い池に投げ入れたとしよう。そこで大勢の者が〝おーい、大石よ、浮かんでこい〟と願って祈禱をしたとしよう。村長よ、果たしてその巨大な石は、彼らが祈禱をしたことで浮かんで来るであろうか」

〔村長〕「いいえ、そんなことはありえません」

〔釈尊〕「村長よ、まさにそれと同じことなのだ。どれほど祈禱をしたとしても、悪業をなした者は地獄に堕ち、善業をなした者は天界に生まれ変わるのである」

2 呪術に携わるな（『経集《きょうしゅう》＝スッタニパータ』より）

〔釈尊〕「私の弟子はヴェーダの呪法を行ってはならない(10)」

3 出家者は葬式に関わるな（『大般涅槃経《だいはつねはんぎょう》＝ディーガ・ニカーヤ所収のマハーパリニッバーナスッタンタ』より(11)）

釈尊の従者だったアーナンダ（阿難《あなん》）が、入滅間近の釈尊に問います。

「私たちは如来の遺体をどのようにしたらよろしいでしょうか」

釈尊が答えます。

「アーナンダよ、そなたたちは如来の遺体供養に関わるな。アーナンダよ、そなたたちはどうか自身の目的のために励んでもらいたい。自身の目的に専心すればよいのだ。アーナンダよ、如来を信仰する在家の者たちが如来の遺体供養をなすであろう」

4　沐浴・水行は無意味だ（『長老尼偈＝テーリーガーター』より）[12]

尼僧プンニカーが沐浴・水行をしているバラモンに問います。

「バラモンさん、そんなに寒がっているのに、なぜあなたは沐浴・水行をしているのですか」

するとバラモンはこう、答えました。

「何を言うか。どんな悪業をなそうとも、沐浴・水行をすれば浄めることができるのだ」

尼僧プンニカーがつっこみを入れます。

「あなたは愚か者ですね。もし本当に沐浴・水行で浄められるのならば、魚や亀はいつでもきれいですね。また、もし水が悪業を洗い流すのであれば、善業も同じく洗い流してしまうはずではありませんか」

これらの記述にそのまま従う限りは、以上の1〜4に表された「インド本来の仏教」と、葬儀や種々の祈禱・呪法に携わり、浄化儀礼として沐浴・水行を実行する日本の伝統仏教とのギャップは決定的であり、両者の差を埋めることなどとてもできないと落胆された方も多いのではないでしょうか。でもご安心ください。実は様々な研究によって、これまで誤った解釈がなされてきたことが判明しています。

最新の研究成果に導かれながら、順に〝論破〟してまいりましょう。

近代仏教学の「インド本来の仏教」は論破できるか

まず**1「祈禱・祈願は役に立たない」**に対しては、正反対のことを説いている初期経典が存在しています。『ディーガ・ニカーヤ』所収で、在家者の徳目を説く『シンガーラ青年への教え』(漢訳では『六方礼経《ろっぽうらいきょう》』)という名の経典がそれです(13)。その中で、在家の青年シンガーラは、先祖代々伝わる祈禱・祈願として、東西南北、そして上下の合計六方を日々拝んでいるのです。それを見た釈尊は、彼に対して止めろなどとは言いませんでした。そして日々六方を拝むという祈禱・祈願を禁止しないかわりに、その儀式に仏教的な意味を新たに付与していったのです。

このように釈尊は、決して祈禱・祈願を禁止したのではなく、従来通りのことはしない、新たな意味を付与して従来とは違った道を歩む、という態度を表明しているのです。それは仏教の創唱者としての釈尊の自負でもあったのでしょう。

このことを踏まえて、**1**の記述を読み返してみると、村長は最初、「バラモンたちはこういうことをやっているけど、あなたも同じことをするのか」と釈尊に尋ねていることが分かります。これに対して釈尊が否定しているのは、まさにそのことだったのです。『シンガーラ青年への教え』において、釈尊が儀礼を実行すること自体を否定していないように、この**1**においても釈尊は、バラモンたちがバラモン式の祈禱・祈願すること自体を否定したのではなく、ただ自分は別の道を歩むと宣言したものと理解して構わないでしょう。(14)いわば**1**は、仏教とバラモンとの役割分担の表明といえると思います。

出世間的価値を志向する仏教と、在俗の宗教家であるバラモンとは、目指すところが違っていたためにお互いに共存できたのです（この点については後述します）。

次の**2**「**呪術に携わるな**」についても、「ヴェーダの呪術に携わるな」と言っているだけで、仏教独自の呪術を禁止しているわけではありません。

実際、南伝のパーリ仏教（南伝仏教。上座部大寺派の仏教）では「パリッタ」と呼ばれる除災招福の呪文が発達し、現在でも彼らは出家・在家を問わず、日常的にこのパリッタを唱えています。そのために南伝仏教は、別名「パリッタ仏教」と呼ばれることすらあるのです。もちろん、このパリッタは仏教独自の呪文で、ヴェーダの呪文ではありません。呪文の使用が全て禁止されていたのではないことを、彼ら南伝仏教徒——彼らは自分たちが釈尊の教えを最も忠実に伝え、守っていると自負しています——の姿が雄弁に物語ってくれます(15)。

そして**3**「**出家者は葬式に関わるな**」です。この**3**は〝葬式仏教は間違いなのか〟という本書のテーマと最も直接的に関係する記述です。しかも今日に至るまで、主にこの**3**の記述に基づいて「日本仏教は堕落している。だって『涅槃経』の中で釈尊は出家者が葬式を執行することを禁じているではないか」という批判もなされてきました[16]。

実は、先ほどはそのような誤解を与えやすい従来の訳を、あえてそのまま提示しておきました。その上で原文のより正確な解釈を提示し、そこにある誤解を解いてまいります。そのために、とりわけ、これまで「葬儀（遺体供養）」と理解されてきた「シャリーラプージャー（パーリ語ではサリーラプージャー）」ということば[17]を、とりあえずカタカナ語のまま残しておき、全文を訳し終えてから最後にその意味を検討し、確定する、という順序にしたいと思います。

〔アーナンダ〕「尊いお方よ、私たちは如来の遺体を、どのように処置したらよろしいのでしょうか」

〔入滅間近の釈尊〕「アーナンダよ、そなたたちは如来のシャリーラプージャーに携わるな。アーナンダよ、そなたたちはどうか自身の目的のために励んでもらいたい。自身の目的に専心していればよいのだ。自身の目的に勤め励み、専念しなさい。

アーナンダよ、如来を信仰するクシャトリヤの中の賢者たち、バラモンの中の賢者たち、資産家の中の賢者たち、彼らが如来のシャリープージャーをなすであろう」
〔アーナンダ〕「それでは尊いお方よ、如来の遺体は、どのように処置されるべきなのでありましょうか」
〔釈尊〕「アーナンダよ、転輪聖王《てんりんじょうおう》の遺体を処置するのと同様の方法で、如来の遺体を処置すればよいのである」
〔アーナンダ〕「では尊いお方よ、転輪聖王の遺体は、どのように処置されるのでありましょうか」
〔釈尊〕「アーナンダよ、まず転輪聖王の遺体を新しい布で包む。新しい布で包んだら、今度は打った綿で包む。打った綿で包んだら、さらに今度は新しい布で包む。このようなやり方で、転輪聖王の遺体を五百重に包むのである。それから鉄製の油槽の中に納め、もう一つの鉄槽で蓋をし、あらゆる香料を含ませた薪を積み上げて、転輪聖王の遺体を荼毘《だび》に付す。そして交通の要所に転輪聖王の遺骨塔（ストゥーパ、卒塔婆）を建立するのである。

アーナンダよ、このようなやり方で、転輪聖王の遺体は処置されるのである。アーナンダよ、転輪聖王の遺体の処置と全く同様の方法で、如来の遺体も処置されなければならない。交通の要所には如来のストゥーパ（仏塔）を建立せよ。誰であれ、そこで華や香料や顔料を献げて礼拝したり、心を浄めて信じるならば、そのことによって彼らには、長きに亘り、利益と安楽がもたらされるであろう。

――中略――

如来・応供・正遍知はストゥーパを建立されるに相応しい。――中略――ではアーナンダよ、どのような道理に基づいて、如来・応供・正遍知はストゥーパを建立されるに相応しいのであろうか。アーナンダよ、〝これがかの世尊[18]・応供・正遍知のストゥーパなのだ〟といって、多くの者たちが心を浄めて信じる。彼らはストゥーパの前で心を浄めて信じたことで、死後、現在の身体を失った後に、善趣である天界へと生まれ変わるのである。アーナンダよ、まさにこの道理に基づいて、如来・応供・正遍知はストゥーパを建立されるに相応しいのである[19]」

いかがでしょうか。「シャリーラプージャー」の意味はお分かりになりましたか？　現時点ではまだ少し分かりにくい、という方も多いかもしれませんね。

ここで明らかにしなければならないのは、釈尊が本当に禁じたのは何か、ということです。それを読み解くために、この箇所の論理を細かく追ってみましょう。

［1］アーナンダが釈尊に、自分は如来の遺体をどう処置したらよいかを尋ねる。

［2］釈尊はアーナンダに、アーナンダはシャリーラプージャーをする必要はないと答える。

［3］それでもアーナンダは釈尊に、如来の遺体の処置法を尋ねる。

［4］釈尊はアーナンダに、如来の遺体の処置法は、転輪聖王のそれと同じだと答える。

［5］アーナンダが釈尊に、転輪聖王の遺体の処置法を尋ねる。

［6］釈尊はアーナンダに、転輪聖王の遺体の処置法を教える。それは、(1)遺体を装飾し納棺する、(2)荼毘に付す、(3)遺骨塔を建立する、の三要素よりなる。そして如来の遺体の処置法もそれと全く同じだと教える。

はい、もうお分かりですね。**３「出家者は葬式に関わるな」**（20頁）でいわれている「シャリーラプージャー」とは、私たちがイメージするような葬儀（遺体供養）ではなく、ここに記されていたように、(1)遺体の装飾と納棺、(2)火葬、(3)遺骨塔（卒塔婆）の建立、という三要素よりなる、一連の遺体処置手続きのことなのです[20]。

［1］で自分は釈尊の遺体をどのように処置したらよいかを尋ねたアーナンダに対して、［2］で釈尊は、自分の遺体の処置手続きはアーナンダではなく在家者が執り行うと告げます。そこでアーナンダは続く［3］と［5］において、おそらくは、たとえ自分では遺体処置を行わないにしても、在家者にその方法を伝えておく必要があると感じたのでしょう[21]、手続きを釈尊に問うています。だからこそ釈尊は何のためらいもなく、［4］と［6］を通じて自分の遺体処置に係る手続きをアーナンダに教えているのです。

このように「シャリーラプージャー」ということばは、一連の遺体処置手続きを指していることを原文が教えてくれています。たしかに「プージャー」[22]は、漢訳される際に「供養」という語を充てられることが多くあります。しかし、元来「プージャー」とは「敬意をもって接すること」を意味しており、必ずしも「供養儀礼」を意味しているわけではありません。遺体を装飾し納棺し、荼毘に付し、そして遺骨塔を建立するに際して常に敬意をもって行うこと、それがここでいわれている「シャリーラプージャー」なのです。それなのに、「シャリーラプージャー」を「遺体供養、葬儀」と誤って解釈したことから「出家者が葬儀を執り行うなどけしからん」という誤った批判が生まれてきてしまったのです。つまり、ここで、釈尊は「出家者が葬儀を執行してはならない」とは決して教誡していない、と明言しておきたいと思います。

しかも最近の研究[23]は、釈尊が禁じたのはアーナンダがシャリーラプージャーを行うことだけであり、出家者全員がシャリーラプージャーを行うこと自体を禁じたのではない、ということも明かしています。

釈尊の入滅時には、アーナンダはまだ阿羅漢果《あらかんが》に到達していない状態（有学《うがく》）でした。そこで釈尊は、遺体の処置手続きは在家者に任せ、有学の出家者であるアーナンダには自らの修行に励んでもらいたいと願ったのです。事実、釈尊の遺体を荼毘に付したのは、すでに阿羅漢果（すなわち無学）に到達していた高弟のマハーカーシャパ（摩訶迦葉《まかかしょう》）たちでした[24]。また、多くの出家者たちが仏塔建立に関わっていたことも分かっています[25]。そして、今日に至るまで南アジアや東南アジアの出家者たちは、同僚の葬儀をずっと営んできているのです(26)。

したがって、これまで近代仏教学によって日本に流布していた、「インド仏教の出家者は葬儀に携わらなかった」という説は、現在では大幅な修正を迫られているのです。

ただし、彼らが同僚の出家者の葬儀は執行しても、在家者の葬儀にはノータッチであったこともまた事実なのです。そこには、仏教、およびインド社会が持つ特質が深く関わっていました。

インドにおける「出家」とは何か

布施を受ける以外に生きられない出家者

インド仏教は、「涅槃《ねはん》（覚りの境地、究極の寂静《じゃくじょう》の境地。輪廻からの離脱、解脱）」という、世俗を離れた究極目標を目指す出家者集団、いわば超俗的価値観を持った少数の宗教エリートによって担われていました。彼ら出家者（沙門《しゃもん》）の第一関心事・義務は、自らの修行の完成と、仏教の伝承でありました。しかし彼ら出家者は――それはインドにおいて出家者であることの条件でもあったのですが――一切の生産・社会活動に携わることができません。したがって、出家者は生活の糧を、他者（特に在家者）からの布施というかたちで得る必要があります。もし得られなければ生き延びることができず、自らの修行の完成も、仏教の伝承も、果たすことができません。[27]

さて、インドの宗教家が在家者から布施を得る方法には、大きく分けて二つあります。一つめは「福田《ふくでん》思想」です。なぜインドの在家者が宗教家に布施をするのか、その理由の第一は、彼ら宗教家が福田であると見なされているからです。

インドには「立派な宗教家に布施をすると、それを機縁として福徳・功徳が育つ。その福を収穫できるのは布施をした本人、もしくは本人が功徳の回向《えこう》を指定した人だ」という考えがあります。立派な宗教家、高徳の宗教家は、いうならば「福を育てる田んぼ・畑」なのです。これが福田思想です。

そして布施をした在家者は、福田である宗教家のもとで大きく実った福徳という果実を収穫し、その福徳の力によって、厄災の除去（除災《じょさい》）、幸福の招来（招福《しょうふく》）、来世のよりよい生まれ変わり（生天《しょうてん》）の実現などを望んだのです。

ただ、宗教家が福田であるとはいっても、その性能（生み出す福徳の量と質）には違いがあります。より立派な宗教家、より高徳の宗教家が、より大量の、そしてより良質の福徳を生み出す能力があると見なされます。ですから、どうせ布施をするならより勝れた福田に布施をした方が得というわけです。その結果、より立派な宗教家、より高徳の宗教家の方が、そうでない宗教家より多くの布施を受けることになります。

宗教家は貧しくなければならないか

はい。ここで質問です。

仏教の教団で一番多くの布施を受けたのは誰だったと思われますか？　答えは「釈尊」です。仏教教団において最も高徳の沙門、それは言うまでもなく釈尊だからです。卑俗な言い方をすれば、「仏教の沙門で一番のお金持ちはお釈迦さま」ということです。

もちろん、釈尊をはじめインドの出家仏教者が、私利私欲に走って布施を集めた、ということでは決してありません。そもそも、欲望の制御は、仏教の重要な実践徳目の一つでもあります。しかし、一切の生産活動に従事することを放棄した彼らには、自らの修行のためにも、仏教伝承のためにも、日々の糧が必要です。また、彼らは提供された布施について、その布施が「律」の規定に違反していない限り、受け取りを拒否することはできません。そのようなことをすれば、布施をしようとした人から福徳収穫の機会を奪ってしまうことになるからです。

立派な宗教家には尊敬と布施が自ずから集まり、それに伴い教団も大きくなっていく、というのがインド宗教界ではよく見られる現象なのです。

ちなみに、ともすると、西洋のピューリタニズム（清教徒主義）などからの受け売りなのでしょうか、筆者には、「宗教家は貧しくなければならない」という偏ったイメージが独り歩きしてしまっているような気がしてなりません。(28)

そのような文化背景の中でインドの出家仏教者は、一つには自分たちが良質な福田であることをアピールして、在家者から尊敬と布施を獲得することで、自らの修行生活を守るとともに、仏教を伝承していこうとしたのです。

仏教はなぜ在家者のための通過儀礼執行を拒否したか

インドの宗教家が在家者から布施を得るもう一つの方法は、在家者のために儀礼・儀式を執行してあげることです。

インドにおいて、在家者のために執行する儀礼には二種類があります。一つめは、除災招福や生天に向けた祈禱・祈願の儀礼、二つめは、成人式、結婚式、葬式など、在家者の社会的義務として執行される通過儀礼です。

ところが、インドの出家仏教者は在家者のために、前者の祈願儀礼は執行できても、後者の通過儀礼を執行することはできませんでした。それはなぜだったのでしょうか。

みなさんご存じのように、古来インドの社会はカースト社会です(29)。

カーストとは、生まれによる浄・不浄の差別観念に基づく、排他的、世襲的、職能集団のことで、その種類は全部で二千とも三千ともいわれています(30)。インド社会で生きる以上は、このカーストから逃れることはできません。もしカーストを抜け出ようとすれば、インド社会から離れるか、もしくは死ぬかしかないのです。

この、インド社会を離れる方法には二種類があります。一つは、インド文化圏以外の土地に移住するといった、物理的に離れる方法であり、もう一つは宗教的に離れる方法です。そうです。後者の方法こそが、「出家」にほかならないのです。

インドにおける出家とは、社会的な権利も義務も全て放棄し、一切の生産活動（たとえば食を生み出す仕事、次代を生み出す生殖など）にも社会活動にも携わらないことを意味します。

釈尊を例に挙げれば、釈尊は王位に就く権利も、王位を継いで釈迦族を率いていく義務も、妻子とともに暮らす権利も、妻子を養う義務も全て放棄し、自らの食は布施によって得、不淫の戒めを堅く守り、軍勢や財力を分け与えようというマガダ国王ビンビサーラの誘いを断り、祖国カピラヴァストゥがコーサラ国に攻め滅ぼされる際も、「仏の顔も三度まで」のエピソードを残しつつ、最後は祖国が滅亡するに任せました。私たちの感覚からすれば非情と思われることもあるかもしれませんが、まさしくこれが、社会的権利と義務を全て放棄し、一切の生産活動・社会活動に携わらないインドの出家者の姿なのです。

一方、生きながらカーストから逃れる方法が、それが物理的であれ、宗教的であれ、インド社会からの離脱しかないわけですから、インドの在家仏教徒はカースト社会に留まり続け、個々別々のカーストに属していたことはいうまでもありません。仏教を信仰する者であっても、カーストに属している限り、成人式、結婚式、葬式をはじめとする通過儀礼を各々のカーストの決まりに従って執行することは、その社会（カースト）に所属する者の義務とされています。そして通過儀礼を完備した集団は、インドにおいては実体のある集団と見なされ、一つのカーストを形成するようになります。

もし、インドの出家仏教者が在家仏教徒のために仏教式で通過儀礼を行ったとしたら、彼らは「仏教カースト」という凝集力のある集団と見なされることになります。それを仏教は断固、拒否したのでした(31)。

第2章
葬式仏教を解く鍵は『金光明経』にある

仏教はなぜカースト廃止運動をしなかったか

仏教の持つ大きな特徴の一つとして、仏教が行為主義の宗教であることが挙げられます。釈尊は自らを「行為論者」と呼び、「生まれ」ではなく、「行為、行い」こそが大切であると繰り返し強調しました。

たとえば、最古層の仏典の一つといわれる『スッタニパータ』には、

「人は生まれ（カースト）によって賤しい者となるのではない。生まれによって尊い者となるのでもない。人は行いによって賤しい者ともなり、行いによって尊い者ともなるのである[1]」

と説かれています。

同じく非常に古い仏典である『ダンマパダ』（漢訳では『法句経』）にも、

「一切の悪をなすことなく、善〔のみ〕を修習《しゅじゅう》せよ。自らの心を浄めよ。これが諸仏の教誡である（諸悪莫作《しょあくまくさ》、衆善奉行《しゅぜんぶぎょう》、自浄其意《じじょうごい》、是諸仏教《ぜしょぶっきょう》）」（七仏通戒偈(2)）

と説かれ、「行為、行い」の重要性が強調されています。

このような特徴を持つ仏教だからこそ、古代、インドに仏教カーストは基本的に存在しませんでした。行為主義に立脚する仏教は、「生まれによる貴賤差別」という性格を強く持つカーストの受け入れを断固、拒否したからです。

ただし、これも誤解されることが多いのですが、いかに仏教がカーストの受け入れを拒否していたとはいえ、仏教がインド社会にあるカーストを廃止しようと動いた事実は、近現代を除き(3)、原則としてありません。社会規範であるカーストの廃止運動は、それ自体が一つの社会活動です。社会活動に携わることを放棄した出家仏教者は、もちろん関わることはできません。また、在家者がインドの地に留まりながらカーストを抜け出ることは、第1章でご説明したように原理的に不可能です(4)。いかにカーストの受け入れを拒否していたとはいえ、古代インドにおいて仏教が、カーストそのものを廃止しようと動いた事実はないということはどうぞ銘記しておいてください。

カーストに所属しているインドの在家仏教徒は、カーストの義務として行う通過儀礼はバラモン（「バラモン」というカーストに所属している以上、彼らは在家の宗教家です）等にお願いしつつ、(5) 仏教の出家者を福田として尊敬して、種々の儀礼（ただし通過儀礼を除きます）を執行してもらっていました。そして出家者に布施をし、彼らの修行生活と仏教伝承をサポートしていました。出家者側も、自らが一切の社会活動を放棄した者たちである以上、在家仏教徒のカーストとの関わりについては、無批判、無関心を保つ態度に徹していたのです。

仏教のカースト否定が及ぼした効果

仏教のカースト否定、受け入れ拒否の姿勢は、仏教の存続と発展のため、紀元後四世紀くらいまでは概ね効果的に作用していたといえるでしょう。

ご存じのように、インドに史上最初の統一王朝を樹立したアショーカ王（阿育王《あいくおう》。紀元前三世紀。マウリヤ朝の三代目）は、仏教を大変重用しました。それはなぜだったのでしょうか。たしかに、アショーカ王自身が仏教の信者であったことは事実です。しかしそれ以外にも、仏教のカースト否定、受け入れ拒否の姿勢が、インドの統一支配を維持するにも、外国との交易を含めた経済活動をするにも都合がよかったから、という理由が指摘されています。

インド語に「ダルマ」ということばがあります。あの赤いだるまさんと原語は同じですが、カースト社会におけるダルマは、「カーストの成員が果たすべき義務（世襲した仕事に従事することや定められた通過儀礼を執行することなど）」を意味します。しかもその内容はカーストごとに異なります。ですから、あるカーストには通用するダルマが、他のカーストには全く適用できないことも多いのです。

一方、仏教におけるダルマは、「誰もが守り尊重すべき法、真理、正義、教え」を意味します。「悪をなすな、善をなせ[6]」や、「怨みは、怨みを捨てることによってこそ止《や》む[7]」などは、その代表例といえるでしょう。このように仏教におけるダルマは、カースト社会におけるダルマとは異なり、カーストという枠に縛られない普遍的な正義を意味するため、異なるカーストを包含するインドを統一支配するには、とても都合がよかったのです。

アショーカ王は、インド統一後、「ダルマによる支配」を行うことを自ら宣言し、インド各地に法勅《ほうちょく》を刻んだ岩壁や石柱などを作らせているほどです。

余談ですが、当初は記憶によって伝えられていた仏典が、後代には書写もされるようになったきっかけは、アショーカ王が釈尊の教え（ダルマ）をこれらの岩壁や石柱などに刻ませたことにある、という指摘もなされています(8)。

また、アショーカ王の治世には都市が発達し、それにあわせて商業や東西交易も盛んになりました。浄・不浄の上下関係によって物品や貨幣を直接手渡すことのできないこともあるカースト社会は、経済活動をする際に極めて大きな障壁となります。カーストを受け入れない仏教の姿勢は、このような点からも都合がよかったのです。

アショーカ王に重用された仏教は、王朝の支配地域全体に広まり、それ以降、インド宗教界の主流を占めることとなったのです。

仏教のカースト否定が仏教の存続や発展に効果的に作用したのは、ただアショーカ王の治世のみではありませんでした。紀元前二世紀のマウリヤ朝崩壊後、インドは再び群雄割拠の時代に入り、その中で異民族のインド侵入も繰り返されるようになります。そして紀元一世紀には西北インドに基盤を置くクシャーナ朝（紀元一世紀〜三世紀）が成立しました。このクシャーナ朝は外来の異民族が樹立した王朝でしたが、インド出身のアショーカ王と同じく、仏教を厚遇しました。その理由は何だったのでしょう。

カースト社会において、外来人は「ムレーッチャ(9)（訳の分からない言葉を喋る野蛮人、という意味だといわれています）」と呼ばれ、差別されます。王様だからということでとりあえず頭は下げても、心の中では「ふん、この野蛮人め」と貶《さげす》むバラモンたちを、クシャーナ朝の人々が快く思うはずがありません。彼らが仏教を重用したのも自然なことだったのです。そしてクシャーナ朝の庇護の下、代表的な上座部系仏教である「説一切有部《せついっさいうぶ》」は隆盛を極め、さらには大乗仏教が興る大きな契機も与えられることになったと考えられています。

いうまでもなく、日本仏教は大乗仏教を基調とした仏教です。もし大乗仏教が興っていなかったら、日本の宗教史、宗教事情、そして宗教文化は、私たちが知っているものとは全く異なった道を歩むことになっていたはずです。仏教の持っていた「行為主義」という基本姿勢が、世界の歴史文化に影響を与えたことの一例といえるでしょう。

インド仏教の衰退の始まり

アショーカ王や外来王朝の庇護を受け、インド宗教界・思想界の第一線に君臨していた仏教でしたが、紀元四世紀前後になると、その栄光にも次第に翳《かげ》りが見え始めるようになりました。

その頃になると、ローマ帝国が東西に分裂して衰退の途を辿るようになり、それに呼応して従来の東西交易も衰えていきます。交易の衰退は商業・経済活動に影響を与え、経済を中心に形成・維持されていた都市生活、都市社会の衰微を招きました。

このようなことから、インド社会の中心が、都市から再び農村へと戻っていくこととなりました。かくして、再び、インド社会の中心は農村社会となり、それを足場として、紀元四世紀に成立した王朝がグプタ朝（四世紀〜六世紀）です。

このグプタ朝は、長い群雄割拠・外来王朝の時代を経て、マウリヤ朝以来数百年ぶりに実現した、インド人が打ち立てた王朝でした。外来の異民族との闘いに勝利し、王権をインド人の手に取り戻したグプタ朝は、外来王朝のもとでは顧みられなかったインド古来の伝統的価値観を見直すなど、復古主義的な性格を持っていました。その上、彼らが立脚していたのはインドの農村社会です。概して農村というところは、よい意味でも悪い意味でも古い因習・習慣が保持されている地域です。インドも例外ではありませんでした。インドの農村には、都市や商業社会では薄れていた伝統的価値観が変わることなく残されていました。この、グプタ朝が見直し、そしてインドの農村で保持し続けられていたインド古来の伝統的価値観の最たるものの一つが、カーストだったのです。

このような時代背景と状況変化の中、カーストというインドの伝統的価値観を認めない仏教は、徐々にその力を失っていくことになるのです。

『金光明経』の研究が遅れたわけ

ところで、ご存じの方も多いと思いますが、『金光明経《こんこうみょうきょう》』という大乗経典があります。実はこの経典が、本書のテーマの答えを導く鍵の一つとなってくれます。

『金光明経』はアジアの広範囲に伝播し、永年にわたって信奉されてきた大乗経典です。ネパールでは九法（九つの大切な経典）の一つに数えられておりますし、日本でも『仁王《にんのう》般若経《はんにゃきょう》』『法華経』とならんで護国三部経の一つとして信仰されてきました。西域諸国で四天王崇拝、中国で金光明懺法が流行し、日本で国分寺や四天王寺が建立され、最勝会、放生会《ほうじょうえ》が催されたのも、全てこの経典の教えに基づくものです。

わたしたちに特に馴染み深い例では、法隆寺の玉虫厨子《たまむしのずし》が挙げられます。そこに描かれている捨身飼虎《しゃしんしこ》のエピソード（主人公の摩訶薩埵《まかさった》が飢えた虎を救おうとして、自らが餌となるため身を投げる話）は、『金光明経』に収められた釈尊の過去世物語（本生譚《ほんじょうたん》。ジャータカ）に因んだものです。

内容や漢訳年代から推定すると、『金光明経』の原初形の成立は紀元四世紀頃です。その後、幾多の段階を経ながら発展し、紀元七、八世紀頃まで加筆、編集され続けました。現存資料のうち、最も原初形に近いと考えられているものは、五世紀に曇無讖《どんむしん》が漢訳した『金光明経』四巻で、最も発展した形態は、八世紀に義浄が漢訳した『金光明最勝王経』十巻です。

現存するサンスクリット資料は、曇無讖訳に比較的近い内容を持っています。インド語から訳されたチベット語資料には二種あり、一つは現存するサンスクリット資料とよく一致し、もう一つは義浄訳に近い内容と分量を持っています。

この『金光明経』が成立し、発展していった時期（紀元四〜八世紀頃）が、インドにおいて仏教が斜陽となっていく時期と重なっていることに留意しておいてください。

さて、先ほど述べましたように、『金光明経』は各地域（南アジア、西域、東アジア）において宗教文化の形成に大きな影響を与えてきた重要な経典であるにもかかわらず、一九四〇年代以降、『金光明経』に対する近代仏教学的研究には大きな進展が見られませんでした。

理由はいくつか考えられますが、そのうちの二点のみに絞れば――、

a　表明されている思想に統一性が見られず、教義面からの解明が困難。相互に矛盾する教義もあれば(10)、大乗の教義も小乗の教義もあり(11)。オリジナル性にも乏しい(12)。

b　様々な呪術的・儀礼的要素を多く含んでいること(13)。ヒンドゥー儀礼も多い(14)。種々の現世利益を説く(15)。

これらの特徴を『金光明経』が持っていたため、『金光明経』は「哲学的で、理性的で、合理的で、儀礼的要素も呪術的要素もほぼ皆無という仏教の像」に全くそぐわず、「従来の仏教／経典研究の枠組み」では扱うことが難しい資料であったことが挙げられます(16)。なかには、「『金光明経』には内容の統一性も論理的整合性もなく、様々な教義や儀礼の雑多な寄せ集めにすぎない」や、「『金光明経』に見られる〝非仏教的要素〟は、仏教がヒンドゥー教へと同化されていく兆しだ。仏教の変質・堕落の象徴だ」というような、否定的な見方を持つ研究者もあったようです。

しかし近年、律文献や考古資料を活用した、インド仏教の実像解明に結びつく様々な研究が相次いで提出されたことで、『金光明経』の特徴であるａｂが、近年の諸研究から導かれた知見、つまり次に示すa'b'と密接に関係している可能性の高いことが分かってきました。

a' インドの仏教僧団（サンガ）では、サンガの集団行事（布薩《ふさつ》など）にさえ参加していれば、個々人がどのような教義を信奉しようとも構わなかった(17)。

↓インド仏教にイデオロギー対立に基づく分派や分裂なし。異なる教義を奉じる沙門たちが共存し得た。

b' インド仏教では、出家・在家の別なく、儀礼や社会的慣習が広く受け入れられて実践されていた。[18]

↓いかに哲学的・道徳的要素が強かろうと、仏教は哲学や道徳ではなく「宗教」である。

すなわち、律文献や考古資料から導かれる仮説が、従来の研究の枠組みには収めとれなかった、『金光明経』の諸特徴を説明してくれると同時に、『金光明経』という大乗経典（文献資料）が今度は、律文献や考古資料の記述を裏付けるものとなることが判明したのです。

経典中心の仏教と律中心の仏教

ここでa'について補足しておきます。東アジア仏教圏に属する日本で暮らしている私たちには馴染みが薄いかもしれませんが、仏教は「経典（思想信条）中心の仏教」と「律（行動規範）中心の仏教」の二つに大別されます。そして、私たちの東アジア仏教が前者の「経典中心の仏教」に属しているのに対して、インド仏教は後者の「律中心の仏教」に属しています。この、インド仏教に代表される「律中心の仏教」では、律の規定に従っている限り、沙門個人がどのような経典を信奉していても構いません。

たとえば、『阿含経』を信奉する沙門も、『阿弥陀経』を信奉する沙門も、『法華経』を信奉する沙門も、彼らが律を遵守して行動し生活している限り、何の問題もなく共存できます。この事実は、「どの経典を信じるか」「どの経典が一番か（教相判釈《きょうそうはんじゃく》、教判）」が問われ、「教義・信奉する経典を異にする者たちとは一緒にいられない」ということが半ば常識であった、「経典中心」の東アジア仏教圏の私たちには[19]、なかなか信じることができなかったのです。

実は、昔の求法僧《ぐほうそう》の記録（法顕《ほっけん》の『法顕伝』五世紀、玄奘の『大唐西域記』七世紀、義浄『南海寄帰内法伝』七世紀）が「インドでは大乗の徒と小乗の徒が共存している」と伝えてくれていました。しかし、「大乗は小乗を悪し様に言っている。だから、大乗仏教徒と小乗仏教徒が共存できるわけがないじゃないか！」という思い込みがあったのでしょう。せっかくの貴重な報告も、長年にわたってほとんど顧みられることがなかったのです。

『金光明経』研究による仮説と結論

さて、近年のインド仏教の実像理解に資する諸研究の成果に触発された筆者は、二〇〇四年以来、『金光明経』の研究を通した仏教の実像理解を試み続けてきました。これから、そこで分かったことの一端を紹介させていただきます。

まず『金光明経』の諸品のうち、様々な神さま（諸天）がもたらす功徳を主題とする一連の五章（「四天王品」「弁才天女品」「吉祥《きちじょう》天女品」「堅牢地神《けんろうじしん》品」「散脂鬼神《さんしきじん》品」）に注目しました。これらの五章を筆者は〈諸天に関する五品〉（あるいは短く〈五品〉）と呼んでいます。

なかでも「弁才天女品」は、沐浴の儀礼や水行を肯定的に受容しており、第1章の21頁の**4「沐浴・水行は無意味だ」**に対する反証となる内容を持っています。

弁才天[20]が語ります。

「説法師である比丘たち（出家者）[21]と聞法者たち（在家者）の利益のため、呪句と薬草〔の名／薬効〕を伴った沐浴法（＝水行のやり方）を説いてあげましょう。〔その沐浴法によって〕遊星・天体・生死の苦、一切の闘争・反目・不快な心の乱れ・混乱・悪夢・悪鬼の苦、一切の悪霊や起屍鬼〔の苦〕は鎮まるでしょう。賢者たちが沐浴する際の薬草と呪句は次の通りです[22]」

このように、沐浴・水行の実践者は、初期仏典では「愚か者、無知蒙昧の輩[23]」と呼ばれていたのに対し、この『金光明経』では「賢者[24]」と、価値が全く逆転した存在として捉えられているのが分かります。

「四天王品」は、四天王[25]による様々な守護が説かれた章です。その中に、四天王による次のような二つの発言があります。

「世尊よ、梵天（ブラフマー）が世・出世間の様々な論書をどれほど示そうとも、帝釈天（インドラ）が様々な論書をどれほど示そうとも、五神通を身につけた様々な〔ヒンドゥーの〕聖者たちが諸々の衆生の利益のために世・出世間の種々の論書をどれほど示そうとも、この『金光明経』はそれらよりはるかに勝れています。世尊よ、百千の梵天より、百千コーティニユタの多くの帝釈天より、五神通を身につけた百千コーティニユタの聖者一切より、はるかに勝れている如来が、諸々の衆生の利益のために、詳しくお説きになられたのです[26]」

「閻浮提《えんぶだい》の至るところにあって、一切衆生に安楽をもたらす〔世間的・出世間的〕人王の義務、王論、王の仕事一切は、世尊・如来・応供・正遍知によってこの『金光明経』の中に開示されており、説示されており、明らかにされています[27]」

いかがですか。大変興味深い記述です。要約すると、四天王たちは「ヒンドゥーの神々や聖者が、王論を含め世俗的なものであれ超俗的なものであれ、何を説いたとしても、それらは全てこの『金光明経』の中で如来によってすでに説かれており、しかもこちらの方が素晴らしいですよ。なんでもここ（『金光明経』）にありますよ」と力説しているのです。

「吉祥天女品」は『金光明経』の中で、世俗的利益の獲得を目指して、呪文やヒンドゥー的な儀礼を最初に導入した章であることが分かりました。吉祥天の発言を三つ紹介しておきます。[29]

「もしある人が貯えている穀物を増やしたいと願うなら、自分の住処をすっかりと浄め、きちんと沐浴し、白い浄衣を身につけ、芳香ある衣服を着なさい。かのラトナクスマグナサーガラヴァイドゥールヤカナカギリスヴァルナカーンチャナプラバーシュリー如来・応供・正遍知に帰命し、御名を三度唱えなさい。吉祥天女の助けを借りて、その如来を供養しなさい。華・焼香・香水を供えなさい。歩き回って種々のシロップも撒きかけなさい。『金光明経』の題目を三度唱えなさい。真実語を語りなさい。吉祥天女に供養し、華・焼香を供えなさい。歩き回って種々のシロップも撒きかけなさい。」[30]

ここでは、一般的供養儀礼であるプージャーを世間的利益(欲望の充足や除災招福)のために適用していることが分かります。

二つ目です。

「次の私の呪句を〔除災招福のために〕唱えなさい。すなわち、〝プラティプールナパーレー、サマンタダルシャネー、マハーヴィハーラガティ、サマンタベーダナガテー、マハーカールヤプラティプラーパネー、サットヴァアルタサマンターヌプラプレー、アーヤーナダルマター、マハーボーギネー、マハーマイトリウパサンヒテー、ヒタイシィ、サングリヒーテー、テーサマルターヌパーラニ〟[31]」

世間的利益（欲望の充足や除災招福）のために呪句を唱えており、たとえば『法華経』「陀羅尼品」などとはその趣旨が異なることが分かります[32]。『金光明経』の諸資料の中で原初形に最も近いとされる曇無讖訳においては、呪句はこの「吉祥天女品」のみに現れます。したがって「吉祥天女品」は、『金光明経』の中で呪句を導入した初めての章だと考えられるのです。その後、呪句の使用はテクストの発展とともに増大し、最も発展した形態を持つ義浄訳では、『金光明経』はいわば「呪句満載」の経典になっています。このように、義浄訳へと向かう方向性の萌芽は、最初期から存在していたことになるのです。

三つ目です。

「精舎であれ阿蘭若であれ、その住処を浄め、〔地面に〕牛糞で円形の祭壇を作り、香と華と焼香を供えなさい。清浄な座を設けなさい。地面に華の小片を撒き、〔吉祥天女を〕待っていなさい。その後直ちに吉祥天女はやって来て、そこに留まるでしょう。それ以降は住居であれ、村であれ、都市であれ、集落であれ、精舎であれ、阿蘭若であれ、決して窮乏することはないでしょう。〔その人は〕金貨や黄金や宝玉や財宝や穀物やあらゆる援助に恵まれ、あらゆる楽具をもって安楽に過ごせるでしょう(33)」

この記述も先の呪句と同様、曇無讖訳の段階から存在しています。招福を目的として、祭壇造営を伴うヒンドゥーの供養儀礼を取り込んだものと推察されますが、内容が簡潔すぎて、儀礼執行のためのマニュアルとしては不十分のようにも思われます。おそらく儀礼の執行方法自体は周知のものであり、従来執行していたヒンドゥーの儀礼を、「〔大乗〕仏教の儀礼」として執行できるようにしたものと考えてよいでしょう。

「堅牢地神品」の第一の特徴は、説かれる功徳のほとんどが、仏教に特有のものというより、世俗的で一般的なものだということです。例を挙げてみましょう。

・大地の水分や滋味が増大する。
・土壌の力が増し、植物や木々がより大きく成長する。
・果物や作物が豊作で美味しく大きくなり、それを食べる人々は長生きし、壮健になり、肌つやが良くなり、感覚も鋭くなる。
・富と財を手に入れる。
・（地獄、餓鬼、畜生の）悪趣を離脱する。
・未来世に人天に転生する。

その反面、出世間的で仏教に特有と思われるものは非常に少数なのです。

「堅牢地神品」の第二の特徴としては、『金光明経』の制作者がこの「堅牢地神品」の聞法者として想定している人々が、農業従事者の可能性が高いということです。彼らのことを「大地に拠って立つ人々」「幾百千の野良仕事を行う人々」「力仕事を行う人々」と呼んでいるからです。そして「堅牢地神品」に登場する堅牢地神[34]は、豊饒をもたらす大地の精霊であり、農村部の人々にとっては極めて一般的な信仰の対象です。インドの農村部は仏教に比べヒンドゥー教の勢力が非常に強い地域ですから、これらを総合すると、「堅牢地神品」は、その時点では仏教徒ではなかった[35]インドの農村部の人々に、『金光明経』の価値や有用性を説くために編纂されたのではないか、という想定が可能となります。

「堅牢地神品」の第三の特徴としては、仏教特有の功徳には余り注意を払っていないにもかかわらず、仏・法・僧という三宝の価値については、一貫して強調していることが挙げられます。

・〝『金光明経』という仏典によって力づけられた堅牢地神の威力によって、人々は恵みを受け、富と財を享受するのだから、人々は三宝を信奉し、布施に精を出さなければならない〟

・〝堅牢地神が教える呪文を唱える人々が恵みを受けるのは、三宝が彼女を見守っているから〟

いずれの場合も、「ブッダの価値」だけではなく、サンガを含んだ「三宝の価値」に言及しているところが注目されます。このことからは、「『金光明経』という仏典が堅牢地神を元気づけ、また常に三宝が彼女を見守っているから、人々は豊作・壮健・富裕など様々な恵みを受ける。だから人々には獲得した作物や富を、ヒンドゥーの神々やバラモンにではなく、ブッダや仏教サンガに布施してもらいたい」という主張が確認できるのです。

以上の考察を通して、「仏教に特有のものではなく、世俗的でインドにおいて一般的な功徳を集めて説く「堅牢地神品」の編纂を通じて、『金光明経』の制作者たちは『金光明経』の価値と有用性を、その時点では仏教徒ではなかった人々、特に農業従事者たちに向けて強調した。そして伝法や修行という自らの目的を達成するために、彼らから経済的援助を得ようと試みた」という結論が得られました。

そして最後に、『金光明経』のうち「四天王品」、「弁才天女品」、「吉祥天女品」、「堅牢地神品」に後続し、それら〈諸天に関する五品〉の末尾に位置する「散脂鬼神品」に焦点を当てつつ、〈五品〉全体の特徴を明らかにしていきました。

まず、

［1］〈五品〉に登場する諸天、すなわち四天王、弁才天女、吉祥天女、堅牢地神、散脂鬼神[36]は全て、冒頭の「四天王品」の中で、二度にわたり名前を列挙されています[37]。

また、

［2］〈五品〉、および〈五品〉に登場する諸天には、以下の七つの特徴が確認されます。

【特徴1】〈五品〉に登場する諸天（四天王、弁才天、吉祥天、大地の精霊、鬼神〈ヤクシャ〉）は、インドで伝統的に人気のある諸神格である。

【特徴2】出家仏教者である比丘が慈悲心をもって『金光明経』説示すると、これら諸天には力がみなぎり、衆生や彼らの住む地域を利益し守護することができる。
そのため、『金光明経』を供養する必要性が力説される。(38)

【特徴3】利益や守護は、姿を隠した諸天によって秘密裡にもたらされる。

【特徴4】諸天によってもたらされる功徳は、世間的なものも出世間的なものもある。

【特徴5】章毎に異なった聞法者が予想される。

1 「四天王品」：王族・為政者。
2 「弁才天女品」：弁舌の才、広範な知識、卓越した技芸の獲得に関心のある者（知識階級や専門家集団など）。および、沐浴儀礼の実践者（インドの多くの人々）。
3 「吉祥天女品」：蓄財や殖財を望む者（商人など）。
4 「堅牢地神品」：農業従事者、農民。
5 「散脂鬼神品」：ヤクシャの信仰者（インドの多くの人々）。

【特徴6】発展した制作段階において、世間的・出世間的功徳を求める、呪句の詠唱を伴う儀礼が説かれる。

【特徴7】上記1～5までの特徴は、全制作段階を通して維持されている。

これら［1］と［2］を合わせるとき、まず第一に、「〈五品〉はある統一方針のもとに制作された」と考えて構わないと思います。

第二に、【特徴5】から分かるように、〈五品〉が想定する聞法者にはインドの多様な階層の人々が含まれます。さらに、沐浴儀礼やヤクシャ信仰は、階層等を越えて広く受容・実践されてきたものです。また、蓄財や殖財への願望は、一般人であれば誰でも共通して持っている志向といえます。このことから、「『金光明経』の制作者は〈五品〉を通して、多くの人々（その時点で仏教徒であるか否かに関わらず）を惹きつけようとした」と考えられるのです。

第三に、身を隠しながらの衆生を利益し守護する諸天のはたらき（【特徴3】）は、『金光明経』の持つ力によって支えられています。

より直接的に表現するならば、『金光明経』を説示してくれる比丘たちの「慈悲」によって支えられているといえます（【特徴2】）。

つまり、

1 国土の平和、王権の安定、正しい自然の運行（四天王品）
2 弁舌の才、技芸の熟達、沐浴の功徳（弁才天女品）
3 蓄財・殖財の成就（吉祥天女品）
4 大地の水分・養分、豊饒な大地に育まれた食材によって得られる健康と長寿（堅牢地神品）
5 四天王、弁才天、吉祥天、大地の精霊、ヤクシャに対する信仰によって得られる功徳の増大（〈五品〉を通して）

これらの「功徳」全ては、人々がその「理由・根拠」に気づいているか否かにかかわらず、「よく供養された」比丘たちが説示する『金光明経』によって元気づけられた諸天によって、すでにこっそりともたらされている、というのです。

全く同じ理由で、もし何らかの不幸や不都合が生じた場合は、それは『金光明経』、およびその説示者に対する供養不足が原因ということになります。したがって第四点として、「除災招福を望むなら、『金光明経』の説示者を供養し、布施をしなくてはならない」という主張が〈五品〉に共通していることが確認されます。

最後に、なぜ〈五品〉が「散脂鬼神品」で終わるのかについて考えてみます。まず、この「散脂鬼神品」の主要登場人物が、「あらゆることを知っているヤクシャ大将サンジュニャーヤ[39]」であることを確認しておきましょう。このサンジュニャーヤは、二十八部のヤクシャ大将の一番手[40]であると同時に、「四天王品」では二十八部のヤクシャ衆は四天王の家来（眷属《けんぞく》）の筆頭とされています[41]。

先に紹介した「四天王品」の〝なんでもここ（『金光明経』）にありますよ〟という記述と合わせると、サンジュニャーヤが知っている「あらゆること」には、世間的・出世間的、仏教・非仏教の様々な種類の教義や儀礼が含まれており、サンジュニャーヤの存在・能力が、四天王が『金光明経』の有用性・完全性を主張できた理由であると考えられるのです。

以上の考察を踏まえ、「〈五品〉は、仏教のヒンドゥー教に対する優位性を主張し、王族を仏教に引き入れるための教説「四天王品」に始まり、様々な人々（王の統治下にある人々の可能性が大）を仏教に誘引する三章（「弁才天女品」「吉祥天女品」「堅牢地神品」）を間に挟んだ上で、「四天王品」の教説を補強・補助する「散脂鬼神品」をもって終了している。[42] かつてアショーカ王やカニシカ王の治世には仏教はインド宗教界の表舞台・第一線にあったが、『金光明経』が編纂されたグプタ朝以降、その地位はヒンドゥー教へと交替していった。『金光明経』の制作者は〈五品〉を通じ、王族を民衆ともども仏教に誘引し、彼らから経済的支援を得てインド宗教界に踏みとどまり、仏教の伝承と実践という義務を果たそうとした」という結論が得られました。

これら一連の研究を通じて筆者は、『金光明経』の制作意図に関して、次のような〈仮説〉を提示するとともに、その検証を行ったのです。

仮説

◎大乗仏教徒の生き残り策としての経典：『金光明経』に見られる、従来の仏典では余り一般的ではなかった諸特徴は、仏教に比べてヒンドゥーの勢力がますます強くなるグプタ期以降のインドの社会状況の中で、世俗・超俗両レベルの様々な教義と儀礼を多段階にわたる形成過程を通じて集め、仏教の価値や有用性や完備性をアピールすることで、インド宗教界に生き残って釈尊に由来する法を伝えながら自らの修行を続けていこうとした、大乗仏教徒の生き残り策のあらわれである。

◎一貫した編集の意図と方針：『金光明経』の編集意図の一つが、できるだけ多くの教義と儀礼を集めることによる上記の「試み」にあるとするならば、多段階にわたる発展を通して『金光明経』の編集・編纂意図は一貫していた。

◎蒐集の理由と意味：『金光明経』は様々な教義や儀礼の雑多な寄せ集めなどではなく、『金光明経』では様々な教義や儀礼に関する記述・情報を蒐集すること自体に意味があった。

そしてこの〈仮説〉の検証を通して、以下の〈結論〉を導き出しました。(43)

結論

かつてマウリヤ朝やクシャーナ朝の時代には、仏教はインド宗教界の表舞台・第一線にあったが、『金光明経』が制作されたグプタ朝以降、その地位はヒンドゥー教へと交替していった。危機感を抱いた出家者たちは『金光明経』を制作して、王族を民衆（農民を含む）ともども仏教に誘引し、彼らから経済的支援を得てインド宗教界に踏みとどまり、仏教の伝承と実践という義務を果たそうとした。

本章での議論を踏まえ、次章以降、「生き残る宗教と生き残れない宗教」に始まり「日本仏教と葬式」へと入っていきたいと思います。

第3章

インド仏教滅亡の要因が葬式にあるわけ

人は宗教に何を求めるのか

時代や地域のいかんを問わず、人々の願いに応えられない宗教集団が生き残ったためしはありません。いかに宗教者側が「自分たちの教えはこうだ。だから信じろ」と迫ったとしても、それが人々の願い（ニーズ）に合致していなければ、単に宗教者側の独りよがりに過ぎなくなってしまいます。

前章までに説明したように、古代インドの在家仏教徒は差別の観念の強いヒンドゥー社会に生きる者として、種々の通過儀礼の執行を含めた所属カーストの義務を果たしつつも、同時に仏教徒として沙門たちを主に財政面から外護《げご》していました。

それはちょうど現代の日本の仏教徒の多くが、葬式や回忌法要などの仏事の際には寺院を訪れても、結婚式は神前式やキリスト教式で行ったり、地域の神社の祭礼に参加したりするような状況と似通っています。

しかし、日本の仏教徒でも、篤信家になればなるほど、お守りも神社のものではなく寺院のものを求めたり、葬式のみならず結婚式なども仏教式で実施したいと願うことがあるのと同様に、インドの在家仏教徒の場合でも仏教に対する信仰が篤くなればなるほど、以前まで「ヒンドゥー式」で実行していた種々の儀礼を「仏教式」で実施したいと願ったとしてもなんら不思議はありません。

『金光明経』に見られる沐浴・水行による浄化儀礼にしても、南伝仏教のパリッタに代表される除災招福の祈願儀礼にしても、どちらも人々の願いに応えようとして仏教側が教義や儀礼を整備して説いたものでした。

しかし幾度もいうように、インド仏教が決して手を出せなかったもの、それが葬式に代表される通過儀礼だったのです(1)。

本来、宗教とは人間をトータルに、ホリスティックに(まるごと)見ていくもののはずです。生まれてから死ぬまで、そして死んでからも、場合によっては生まれる前までも含めて、まるごと人間を見ていくのが宗教だと思います。

ある宗教の信者であれば、その宗教の信者として生きて、その延長でその宗教の信者としての死、さらには死後の世界(来世であったり、冥福であったり、裁きを待つまでの眠りであったり)があるものです。その大切な節目、節目に宗教家が関わることは、宗教が人間をまるごと見るものである以上、至極当然のことのはずです。

ところが、インドの出家仏教者は、たしかに「福田」としては存在しており、また、除災招福の祈禱・祈願儀礼は行ってくれましたが、在家仏教徒の葬式を含む通過儀礼には一貫してノータッチでした。

人生の大切な節目ごとに行われる通過儀礼は、その節目を本人や家族や社会に認知させ、受け入れさせ、そして精神的・社会的安定と発展を促進するために行われます。

しかし自分や、自分の家族、親族が生を全うする「死」という極めて大切な節目に、インドの出家仏教者は宗教者として何の儀式も執行してくれませんでした。

葬式という通過儀礼の執行を通した安心を、去り逝く者へも、遺される者へも与えてくれませんでした。

それはひとえに「仏教カースト」の形成を阻止するためではありましたが、在家仏教徒をまるごと見ることを放棄したインド仏教は、結果として、インドの民衆にホリスティックな安心を与えることができなかったのです。

カーストを形成しなかった仏教の滅亡

『金光明経』をはじめとして、幾多の生き残り策が講じられたにもかかわらず、なぜインドで仏教は滅びたのでしょうか。そこには複合的な要因があることは認めますが、問題を単純化して整理するならば、その最大の理由は「仏教がカーストを形成しなかったこと」に求められるのではないかと筆者は考えています。

仏教がカーストを形成しなかったことに起因するデメリットは、大きくは四つあると思われます。

その一は、通過儀礼を執行できないため、人々の願いに完全には応えられなかったことです。

その二は、伝統を大切にする農村社会に定着しにくかったことです。

その三は、グプタ朝など、農村社会に立脚する王朝をパトロンにしにくかったことです。

そしてその四は、仏教徒の再生産が困難であったことです。

よく、イスラーム勢力の侵入によって仏教は滅ぼされた、といわれることがありますが、彼らによる侵入と破壊は、仏教滅亡の一つのきっかけに過ぎません。

イスラーム勢力が攻撃したのは、なにも仏教徒や仏教寺院だけに限りません。ヒンドゥー教にしてもジャイナ教にしても同様に攻撃され、大きな被害を蒙りました。ところが、ヒンドゥー教もジャイナ教もその後、再生し復活したのに反し、仏教だけが滅びてしまいました。

なぜだったのでしょうか。

それは、ヒンドゥー教もジャイナ教もそれぞれカーストを形成していたため、親がいなくなればその子が役目を継ぎ、その子もいなくなっていれば孫が役目を継ぐというように、宗教者であれ、信徒であれ、構成員が自動的に再生産され、供給されたからです。

「生まれによる差別」として批判の対象となることも少なくないカースト社会ですが、個人を超えた社会全体の継続性と安定性という点からは、必ずしも負の側面だけではないことはもっと理解されてよいように思われます（といっても、もちろん、筆者は差別的カーストを礼讃しているわけでは決してないことを、念のため申し添えておきます）。

一方、カーストの受け入れを拒否した仏教教団は、出家者にせよ、在家者にせよ、「親がやっていたから」という理由だけで、構成員が自動的に再生産されることはありませんでした。常に仏教の外側から新しい力を導き入れ続けていかなければ、仏教は存続できません。カースト社会に基づく構成員の自動供給も再生産もできない仏教は、その存続のために、カーストを形成する他の宗教とは比較にならないほど莫大な努力をし続けなければなりませんでした。そして外来宗教勢力の武力侵攻によってその努力がもはや続けられなくなったとき、仏教のインドにおける命運は尽きてしまったのです[2]。

インドでは清らかさや涼やかさの象徴として、古くから蓮華がとても好まれてきました。殊に仏教では、蓮華が泥水中に生じながらも水上に華を咲かせる点が、凡夫が煩悩を脱して成仏するという仏教の趣旨に合致しているということで、大変尊ばれることになりました。「世間の法に染まらざること、蓮華の水に在るが如し[3]」などというように、蓮華に言及する仏典の数は本当に多く、枚挙に暇がありません。

筆者はよく思うのですが、もしかすると、仏教自体が、インドに生まれながらも真の意味ではインドには根付けなかった蓮華だったとはいえないでしょうか。

仏教を育んだインド社会はカースト社会です。その社会に根付いてカーストを形成してしまうと、仏教は生まれながらの浄・不浄の差別観念を受け入れたことになり、「仏道修行を通じた成仏」という行為主義の大義を失ってしまい、結果、仏教という蓮華は泥水を脱して華を咲かせることはできなくなります。

伝統的インド仏教は、生まれながらの浄・不浄の差別の観念に基づくカーストの受け入れを断固拒否したことで、根をインドにおろすことができず、いわば、「根無しの浮き蓮華」となりました。そしてイスラーム勢力の侵入という荒波の中で、ついにはインドから消え去る道を選ばざるを得なかったのです。十三世紀初頭のことでした。

でも、実は悪いことばかりではありません。むしろ、私たちインド社会以外で生きる者たちにとってはありがたいことが起きました。釈尊も、後続の弟子たちも、カーストの受け入れを拒否してくれたからこそ、かえって仏教はカースト文化のないアジア諸地域、そして日本にも伝播し、そこで根付き、新たな宗教文化を形成することができました。そしてついにはキリスト教、イスラームと並び、三大世界宗教の一つに数えられるようになったのです。

このことは、ヒンドゥー教がどれほど信者数が多くとも（信者数約九億人。仏教は四億人弱）、一般的には世界宗教とは見なされないことと極めて対照的です。カースト社会を前提とするヒンドゥー教は、特定の地域・民族・文化に限定されないという世界宗教の定義に当てはまりにくいのです。

日本人の死者観念

本書もいよいよ佳境に入って参りました。〈「葬式仏教」「祈禱仏教」は本当に間違いなのか〉というテーマに答えを出す準備が順々に整いつつあります。ここで最後の一歩として、日本人の一般的な他界観について整理しておきましょう(4)。

日本人は古来、死後の世界や死者の魂に対して、並々ならぬ関心と畏《おそ》れを抱いてきました。死者の魂には生前の個性が反映されると同時に、死に起因する穢れ（死穢《しえ》）が付着するとされます(5)。たとえば、真宗系では用いませんが、会葬者に「お清め塩」が配られることが多いのは、塩が食品衛生面のみならず、宗教的にも浄化作用を持つと期待されたからです。

死穢は死者の魂を蝕《むしば》み、生者《せいじゃ》に危害を加える悪霊《あくりょう》・祟《たた》り神《がみ》へと変異させます。また、死者の魂には生前の個性が反映されるため、怨みを抱いて死んだ人の魂は、よりいっそう、悪霊になりやすいと考えられました。「日本一の大魔王」として畏れられた崇徳《すとく》上皇(6)(一一一九―一一六四)や、後に学問の神となる菅原道真(7)(八四五―九〇三)などは、崇り神の代表格です。現代の人気アニメーションや漫画にも、ナゴ(『もののけ姫』、宮崎駿《みやざきはやお》監督作品、一九九七年)(8)や虚《ホロウ》(『BLEACH《ブリーチ》』、久保帯人《くぼたいと》作、二〇〇一年より『週刊少年ジャンプ』で連載開始)(9)などという崇り神が登場していることから、日本人の死者観念が現代に至るまで連綿と受け継がれ続けていることが知られます。

ただ、どうやっても魂には死穢が付着してしまう以上、悪霊・崇り神へと変異するのは怨みを抱いて死んだ人の魂だけではありません。生前の個性が反映されるため、崇り神へのなりにくさ・なりやすさという差異こそあれ、死者の魂は遅かれ早かれ、全てが崇り神へと変異してしまいます。それを止めるにはどうしたらよいでしょうか。そうです。死者の魂をきちんと祀ればよいのです。死者の魂をきちんと祀れば、浄化されて祖先神(ご先祖さま)となり、崇るどころか、かえって子孫を守護してくれるようになります。たとえ崇り神であろうと、浄化されれば善神へと変わることができます。菅原道真が崇り神から学問の神へと転じたのも、彼が天満宮にきちんと祀られ、浄化されたからです。

日本はなぜ仏教を受け入れたのか

さて、日本に仏教が伝来したのは、公式記録では六世紀の中頃（五三八年、あるいは五五二年とも）に朝鮮半島から、とされています。いわゆる「仏教公伝《こうでん》」ですね。(10)

当時の朝鮮半島では、高句麗《こうくり》・新羅《しらぎ》・百済《くだら》の三国が互いに覇権を争っていました。高句麗が強大だったため、当初は新羅と百済は同盟（いわば「不可侵・中立条約」）を結んでいました。ところが次第に新羅の勢力が強大になり、その支配地域は旧来の百済領をも侵すようになりました。そしてついに新羅と百済との「不可侵条約」は破棄され、新羅と百済は全面対決するようになったのです。

それにしても「不可侵条約」を破るというのは、昔から行われていたことに驚かされると同時に、「人間の性」を見るようで悲しくなります。第二次大戦中、ドイツは「独ソ不可侵条約」を破り、またわが国は、ソ連（現ロシア）によって「日ソ中立条約」を一方的に破られました。

劣勢に立たされた百済の聖明王《せいめいおう》（聖王《せいおう》や明王《めいおう》とも）は日本に使者を派遣し、仏像や経典とともに、仏教がいかに功徳があるかを伝える文書を、時の欽明《きんめい》天皇に献上したと伝えられています。そしてそれによって、百済は日本からの軍事的支援を得ようとしたのです。果たして日本は要請に応え、百済へ援軍を差し向けることになりました。

しかし、この話を聞いて、違和感を覚えられた方も多いのではないでしょうか。はい。たしかにおかしいですよね。なぜならば、仏像や仏典が、あたかも派兵の対価のような扱いになっているからです。寂静の境地である涅槃を究極目標とする仏教にとって、それはあまりに似つかわしくないように感じられます。

なぜ当時の日本は、仏教を伝えてもらった見返りのようなかたちで、百済へ援軍を送ったのでしょうか。

六世紀の日本は、徐々に天皇家を中心とした国家体制を整えつつあったとはいえ、周囲には物部《もののべ》氏や蘇我氏などの有力豪族が控えており、まだまだ国内情勢は不安定でした。一方、大陸に目を向けると、そこには文化先進国である大国の中国がありました。中国には中華思想、すなわち、自分たちが世界の中央にあって、最も文化の進んでいる国だという考え方があります。そのような中国が、外来宗教である仏教を取り入れたということは、それだけでとても驚くべきことだったのです。(11) おそらく当時の日本の支配層にとって仏教は、中華思想を持つ文化先進国である「あの」中国ですら取り入れた、天竺《てんじく》（インドの古い呼び名です）由来の超絶呪術（スーパーマジック）であるかのごとくに映ったに違いありません（百済の聖明王が贈った献上品の中に、仏教の功徳を讃歎する文書が含まれていたことを思い出してみてください）。今後の国家作りの大きな力になるのであれば、その対価として戦争協力をしたとしてもそれほど不思議はありません。

かくして日本は仏教を導入し、その力を頼りに天皇家中心の国家体制作りに邁進します。まず、蘇我氏と同盟して有力豪族の物部氏を滅ぼしました。その際、厩戸皇子《うまやどのみこ》（聖徳太子）(12) は仏教の守護神である四天王の像を造って戦勝祈願をし、戦に勝った暁には寺院を建立するとの誓いを立てたといいます。実際、首尾よく物部氏を打ち倒した皇子は、誓いを果たすために四天王寺を建立しています。

後の七世紀に起こった大化の改新では、朝廷は最後まで残った有力豪族である蘇我氏をも滅ぼして、天皇中心の中央集権的支配体制（律令《りつりょう》体制）の礎を築きました。そして奈良時代になって、ついに天皇を中心とした国家が完成するに至るのです。

国家仏教から民衆仏教への大転換

「天竺由来のスーパーマジック」である仏教には、国を治めるのに役立つ特大の功徳、強大な呪力があると見なされてきました。そのような仏教を朝廷の外に広めると、その力を使って天皇を中心とした国家体制（国体《こくたい》）に刃向かおうとする者が現れてしまうかもしれません。また、先に見たように、日本には先祖をきちんと祀れば、子孫を護る祖先神となるという信仰があります。「どうしたら、よりきちんと祀れるのか」という点においても、天竺由来のスーパーマジックである仏教に勝るものはなかったはずです。はい。先祖供養を仏教式で行えば、その一族の祖先神には子孫を守護する絶大な力が備わると考えられたのです。朝廷としては、そのような一族が新たに登場することは断じて防がなくてはなりません。

このように、仏教は除災招福の現世利益《げんぜりやく》をもたらす呪力という点においても、祖先神強化力という点においても、朝廷の外に広めてはならない「門外不出の秘術」だったのです。

このため、朝廷は僧尼令《そうにりょう》を発布して、僧侶には民衆への布教を固く禁じ、天皇・貴族を中心とした国家を守護（鎮護国家《ちんごこっか》）するためだけに奉仕させました。僧侶は「国家公務員」としての特権が与えられて厚遇される反面、僧尼令に違反した場合には厳しく罰せられました。このような「アメとムチ」によって僧侶、そして仏教を国家が独占管理していたのが、律令体制下における日本仏教の姿だったのです。「国家仏教」とも呼ばれています。(13)

もちろん、奈良時代から平安時代へと続いた律令体制下の仏教が、常に全く同じ姿だったわけではありません。特に平安時代における最澄と空海の登場は、日本仏教史においてエポックメイキングな出来事だったといえるでしょう。(14) それでもなお、日本仏教の最大の転換点が鎌倉期にあることについて、異論を唱える人は少ないのではないでしょうか。

鎌倉期は、それまで朝廷・貴族が握っていた政治の実権を、新興勢力である武家が奪い取った時代です。奈良時代以降続いてきた律令体制は崩壊し、政治的にも文化的にも、新たな潮流が生まれていきます。仏教も例外ではありません。それまでの奈良仏教系の諸派、天台、真言に加え、浄土系、禅系、法華系に代表される新興仏教勢力が、平安末期から鎌倉期の新たな息吹の中で次々に産声を上げました。これら鎌倉新仏教がそれまでの仏教と最も異なっていた点は、僧尼令による制限から解放されたことで、「朝廷外の民衆への布教、民衆教化」という方向性を当初より持ち得たことです。

それまで仏教とは無縁とされていた多くの人々は、現世利益（除災招福）をもたらす強大な呪力と祖先神強化力とを併せ持つ仏教と、ここにはじめて本格的に出逢うことになったのです。

はい、これで漸く準備が整いました。

いよいよ次章では、〈「葬式仏教」「祈禱仏教」は本当に間違いなのか〉というテーマに答えを出すとともに、今後の日本仏教の展望を探っていきたいと思います。その過程で「現代の日本仏教が抱える問題」も浮き彫りになってくるでしょうし、「他の宗教と比べ、なぜ仏教の聖典の数は膨大なのか」「大乗仏教は本当に非仏説なのか」「仏教という宗教が持っている本質的特性とは何か」も明らかになってくるはずです。

第4章
葬式仏教は釈尊の教えである

仏教が民衆に浸透したわけ

鎌倉新仏教の特徴を一つ挙げれば、その教義が分かりやすく、修行も実践しやすい（易行）ということです。たとえば「ひたすら口で念仏を唱えよ」「ひたすら坐禅せよ」「ひたすら題目を唱えよ」など、その気になれば誰でも実践できるものであるのと同時に、修行徳目が基本的に単一化されており、迷う必要がありません。難しい教義を理解しなくとも、単一の修行（あるいは行為）にただひたすら邁進するだけで、民衆は仏教の持つ不思議な呪力の恩恵に与ることができるのです。

もちろん、仏教の究極目標が涅槃の境地に達すること、成仏にあることは、インドにおいても日本においても変わりがありません。ただ、そのような究極目標を目指していた人々は、超俗的価値観を持った少数の宗教エリートに限られていたという点についても、インドも日本も変わりがなかったのです。

加えて、日本には死者の魂や祟りに対して、大きな畏れを抱いてきたという歴史があります。死者の魂を安んじたり、あるいは祟り神を鎮めたりしようにも、鍵を握る最強のマジックである仏教は、それまでは民衆から遠ざけられ、秘術とされていました。

そのような状況が、平安後期から鎌倉期にかけて一変します。天災に加え、大きな時代の変化の中で戦乱も多く起こり、一般民衆からも多数の犠牲者が出ました。累々と横たわる遺体の前で、僧尼令の縛りや死穢の恐怖から解放された僧侶（遁世僧）たち(1)が読経し、供養するのを見て、犠牲者の遺族はどれほど心が癒され、励まされたことでしょう(2)。彼らは先に逝った親族の死後の安寧と彼らからの守護（祖先神強化）のみならず、祟りの防御（除災）や様々なご利益《りやく》（招福）をも一挙に手にすることができるようになったからです。

このように、鎌倉期には日本仏教が、それまでの「国家仏教」から「民衆の仏教」へと大きく転換し、民衆へと根付いていきました。そこには教義や実践の単純化・易行化のみならず、現世利益をもたらす呪術としての仏教、そして仏教葬祭の民衆への浸透があったのです。

インド仏教の滅亡を教訓として

ここで、仏教と葬式をめぐるこれまでの議論を整理しておきましょう。

一、釈尊は出家者が葬儀を執行することを禁止しなかった。事実、インドにおいて出家者は同僚の葬儀をずっと営んできた。(24頁〜31頁)

二、しかしインドではカーストの制約があるため、行為主義に立つ仏教は在家者の葬儀に関わることができなかった。(35頁〜37頁)

三、仏教はインド宗教界に生き残ろうと、様々な工夫をした。(40頁〜69頁)

四、しかし在家者の葬儀に携われなかったインドの仏教は、人々の願いに完全に応えることができなかった。仏教徒の再生産が困難であったこともあり、ついに十三世紀、インドで仏教は滅びてしまった。(72頁〜78頁)

五、古来、日本人は死者や祟り神の鎮魂に大きな畏れと関心を抱いてきた。(79頁〜80頁)

六、日本に伝わった仏教は、当初は国体護持に奉仕する国家仏教であったが、平安後期から鎌倉期以降、民衆へと解放され、広く根付いていった。その背景には、仏教葬祭の民衆への浸透があった。(81頁〜89頁)

このように見てくると、日本で仏教式の葬儀が営まれていることは、決して仏教の堕落でも変質でもないことが分かります。古今東西、人々の切実な願い・心の呻《うめ》きに応えることのできない宗教、宗教者、宗教団体が生き残ったためしはありません。日本人が仏教に最も強く望んだのは、その呪術的力をもって除災招福をもたらすとともに、死者の魂を浄化し、祖先神を強化することでした。そして、そのような日本人の願いに応えることができたので、仏教は日本に根付き、今日まで生き残ってきたのです(3)。

なぜ意味の分からぬ読経をするのか

日本の葬式仏教は、日本人の切実な願い・心の呻きに応えるものとして誕生し、営まれ、今日に至るまで存続してきました。このこと自体について、疑いを差し挟む余地はありません。ところが残念なことに、葬式仏教が日本にマッチした、いや、マッチしすぎたからこその問題も、同時に見過ごすことはできないのです。

「仏教で大切なのは教義ではなく葬儀」などというようないわれ方もあるようですが、日本人の多くが葬儀を仏式で営んでいるとしても、その人たちは仏教の教義を詳しく知らないし、また知ろうとしません。多くの日本人にとっては、お経の中身・内容を理解することより、お坊さんが葬送の場に現れ、そこで葬儀を執行してくれたという事実こそが、いや、事実「のみ」が大事なのです（もちろん、常に例外があることも承知しています）。

葬儀や法要の際に、お坊さんがお経を読むとき、日本語に訳して（書き下しの訓読ではなくて、内容が分かりやすいように平易な和訳を用いて）読誦している例がほとんどないに等しいという事実は、その証拠の一つになると思います。漢訳仏典が日本にもたらされた際にそれを和訳しなかったのは、当時の知識階級の人々が漢文に通じており、誰もが漢文のままで理解できたからです。

はい。彼ら知識階級の人々は、仏典の中身・内容を理解していました。今でもお坊さんは自分が読誦する経典の中身・内容を理解しています（ですよね?）。でも、参列している一般の方々は、漢文のままの真読《しんどく》、あるいは古文調の訓読を聞いても、何が説かれているか、皆目見当がつかないというのが正直なところなのではないでしょうか。事情は今も昔も変わらないのです。読誦する側の専門家は内容を理解しているのに対し、聴聞する側の民衆はその内容を理解していません。

では、なぜ人々は仏典を和訳しなかったのでしょうか。そして現在においても、なぜほとんどのお坊さんは和訳を用いて葬儀や法要を行わないのでしょうか。

それはおそらく、和訳を用いると、特に参列者にとって「葬式らしくない」「やってもらった気がしない」との思いがするからだと思います。「ムニャムニャ、ゴニョゴニョ、ナームナム……」と、何を言っているか分からなくても、古来、漢訳仏典を用いてきた日本では、仏教の持つ不思議な力はその意味不明な文言の中に宿っています。いかに意味が分かりやすいからといって、力の宿った文言を用いないのであれば、一般の方には葬式を営む意味そのものがなくなってしまいます。

このように、日本には仏教式の葬儀が馴染み「すぎた」からこそ、教義面での興味、関心が育ちにくく、仏教に対する理解が深化しなかったのです。

昨今、葬儀に際しての「僧侶派遣ビジネス」の拡大も、「あのお坊さんの話を聞いて心を安んじたい」という人だけでなく、「誰でもいいからお坊さんが来て、お経を読んでくれさえすればよい」という人が増えてきたことと無関係ではないはずです。

仏教のニーズは死のみに非ず

日本仏教が事実上「葬式」に特化したことによるマイナス面はほかにもあります。それは、インド仏教とはちょうど真逆のかたちで、日本人にホリスティックな（まるごとの）安心・安寧を与えられないということです。

カーストのあるインド社会においては、宗教家が在家者の葬式を含む通過儀礼に携わると、その宗教集団は凝集力のある一つのカーストと見なされます。行為主義に立脚する仏教は、生まれによる浄・不浄の差別観念と不可分であるカーストの受け入れを断固拒否したため、インドでは在家者の葬儀を執行することができませんでした。それでも、インドの民衆の多様なニーズに応えるべく、教義の整備や儀礼の充実など、仏教は柔軟に対応していきました。しかし通過儀礼の執行だけは、どうしてもできなかったのです。仏教カーストの形成を阻止するため、在家仏教徒をまるごと見ることを放棄したインド仏教は、結果として、インドの民衆にホリスティックな安心を与えることができませんでした。そしてついには、インドから消え去らざるを得なくなったのです。

一方、日本に目を転じると、日本にはカーストの制約がありません。また、日本人自身も、葬送儀礼を仏教式で行うことを望みました。[4] 状況がそれを許し、また人々からの強いニーズがあったため、律令体制が事実上崩壊して仏教が民衆へと解放されて以降、遁世僧の登場と相俟って、日本仏教は「葬祭儀礼の執行」を基調として発展し、存続してきたのです。[5]

しかし当然ながら、人の抱える問題は、死後の世界や祟りに対する畏れのみではありません。健康、対人関係、家族、恋愛、結婚、就職、経済、将来への不安など、きりがないほどです。ところが葬式仏教に特化した日本の仏教は、インドでは執行できなかった在家者の葬儀に携われる反面、それ以外の人々のニーズへの対処が後手に回ってしまった、もっとはっきりいえば、それらへの対処を怠ってきた面があることは否定できないのではないでしょうか。

これが前頁で、「日本仏教がインド仏教とはちょうど真逆のかたちで、日本の民衆にホリスティックな安心を与えられない」と申し上げたことの意味です。

しかも時代の移り変わりもあり、日本人の死後の世界への畏れは以前よりは薄れ、それ以外の問題に関心を寄せる人が徐々に多くなっているようにも見受けられます。お坊さんを呼んで葬儀を行うことなく直接荼毘に付してしまう「直葬《ちょくそう》」なるものが増えてきているのは、日本人の死後観念が少しずつ変化していることの表れの一つでしょう。

また、悩みを抱えた人々が、救いを伝統仏教ではなく、新興の宗教団体へと求める例も決して少なくありません。

繰り返しになりますが、古今東西、人々の切実な願い・心の呻きに応えることのできない宗教、宗教者、宗教団体が生き残ったためしはありません。日本仏教の存続は、ひとえに日本の仏教者の今後のありかた如何《いかん》に懸かっているのです。

善巧方便にこそ仏教の力がある

人々の切実な願い・心の呻きに応えて講じられる、人々を救う手段、人々を安んじる方策のことを、仏教では方便《ほうべん》(6)といいます。とりわけ、人々を安んじるのに優れた手段のことは、善巧方便《ぜんぎょうほうべん》（巧みな手段）と呼ばれます。「嘘も方便」などというせいか、方便というと、何か当座しのぎのもの、真実ではないもの、というイメージを抱かれがちですが、本来の「方便の力」とは、人々を救う手段・方策を講じることのできる能力、それなしには人々を救うことのできない唯一の能力・手段なのであって、真実とは異なる当座しのぎのものでは決してありません。

「応病施薬《おうびょうせやく》（応病与薬《よやく》）」や、「対機説法《たいき》」ということばがあるように、仏教における教えとは、いわば医師が患者の様態に応じて施す治療・薬・処方箋のようなものです。患者の様態（人々の悩みや苦しみや願いのありよう）が違う以上、施される治療・薬・処方箋（教え）も当然、異なります。そこに「正しい教え、間違った教え」という観念があるとしたら、それは、その人を健康（涅槃、覚り、救い、安心）に向かわせる治療（教え）が、その人にとっての正しい治療（教え）であり、逆にその人を健康（涅槃）に向かわせない治療（教え）が、その人には間違った治療（教え）ということになります。

仏教における真理の境地である涅槃・覚りは、この譬喩における「健康」に相当します。いかにブッダ（医師）であろうとも、迷える衆生（患者）に涅槃（健康）そのものを与えることはできません。ブッダ（医師）が迷える衆生（患者）に与えるのは、涅槃（健康）そのものではなく、説法（治療、処方箋）なのです。このことからも、仏教における教えとは真理（涅槃）そのものではなく、涅槃という真理に至る手段であることが分かるでしょう[7]。

Aさんと Bさんに対する治療（教え）は、それがAさんとBさんを健康（涅槃、覚り、救い、安心）に向かわせるものであれば、お互いに異なってよいし、また、異なって当然なのです。

たとえば、「そもそも頭痛薬と胃腸薬とでは、どちらが正しいか、どちらが良薬か」という議論は無意味ですよね。患者の様態を正しく診断した上で、頭痛に悩む人には頭痛薬を処方することが正解だし、胃腸に不調がある人には胃腸薬を処方することが正解です。それと同様に、方便の力に基づいて、悩める人々の状態に応じて施される個々別々の治療、それが仏教における「正しい教え（サッダルマ、正法《しょうぼう》）」なのです。そしてそれらが正法である限り、たとえ教え自体は違っていても、仏教に「異端」はありません。

《みんなちがって、みんないい》（金子みすゞさんの詩の一節[8]）や、《小さい花や大きな花　一つとして同じものはないから　No.1にならなくてもいい　もともと特別なOnly one》（槇原敬之《まきはらのりゆき》さんの歌[9]）など、私たちの心に響くメッセージは、仏教における正法のあり方と完全に符合しているのです。

日本の仏教は釈尊の教えではないのか

一般に「八万四千《はちまんしせん》の法門」などとも呼ばれるように、三大世界宗教として仏教と並び称されるキリスト教やイスラームと比較しても、仏教の聖典の多さは際立っています。『阿含経』『法句経』『般若経』『維摩経』『阿弥陀経』『法華経』『華厳経』『涅槃経』『楞伽経』『金光明経』『大日経』『金剛頂経』『理趣経』などなど、数え上げたら本当にきりがないほどあります。これら数多くの仏典は、様々な悩み・苦しみから人々を救うため、多くの仏教者たちが時・処・人の別に応じつつ、「方便の力」に基づいて永年にわたって制作してきたものなのです。

ときに「大乗経典はブッダ釈尊が説いたものではない。大乗仏教は非正統なものだ」と、〈大乗非仏説論〉が叫ばれることがあります。確かに、もし「ブッダの教え」を、「紀元前四～五世紀頃に中インドに活躍し、同時代の人々から〝ブッダである〟と認知されていた歴史的人物の直説」と定義するならば、大乗経典は仏説とは呼べないでしょう。大乗仏教が興ったのは、西暦紀元前後だと考えられているからです。

では、本当に、大乗経典は非仏説であり、大乗仏教は仏教とは呼べない〈まがいもの〉なのでしょうか？　答えは、「断じて否《いな》」です。

実は、初期経典（原始経典）の中にも、釈尊以外の人物（お弟子さんたちなど）が説いた教えが「経典」としてたくさん収録されているのです。なぜかといえば、釈尊が弟子たちに次のように教誡していたからです。

「二人して同じ道を行くな(10)」と。

もし弟子が一人一人単独に、別々の地域に説法に行けば、人々にはそれだけ教えを聞く機会が増えます。釈尊は弟子たちに、悩み苦しむ人々が教えを聞く機会が減ってはいけない、だから各自が別々のところに説法に行きなさい、と教誡していたのです。

このことから分かるように、仏教で教えを説いていたのはそもそもはじめから釈尊一人ではなかったのです。たとえば、高弟である舎利弗《しゃりほつ》（シャーリプトラ、智慧第一）を教導したのは、釈尊その人ではなく、初転法輪《しょてんぼうりん》（鹿野苑《ろくやおん》における釈尊最初の説法）の座にいた五比丘の一人、阿説示《あせつじ》（馬勝《めしょう》、アシュヴァジット）だったと伝えられています(11)。

ここでみなさんの中には、次のような疑問を持たれた方がいらっしゃるかもしれません。「仏弟子も教えを説いていたことは分かった。でも、それはあくまで仏弟子の教えであって、やはり仏説とは呼べないのではないか」と。

はい。もっともな疑問だと思います。いかに釈尊が「二人して同じ道を行くな」と弟子たちに教誡していたとしても、それをそのまま「仏弟子の教えイコール仏説」の根拠とするには、いささか論理の飛躍がありそうにも思われます。

しかしです。この、一見すると論理の飛躍とも思われる考え方を、きちんと成立させる重要な教説が古来仏教の根幹を支え続けてきました。ただし、すぐにその教説を提示するのは控えて、どうしてそのような教説が成り立ちえるのか、という背景の説明からさせて下さい。そうすることによって、仏教という宗教の持つユニークな性格が、より一層明らかになってくると思うからです(12)。

よく知られているように〈梵天勧請説話《ぼんてんかんじょう》〉は、菩提を獲得したにもかかわらず、衆生に対する説法をためらう釈尊が、説法を勧請（お願い）する梵天（ブラフマー）との間で、三止三請（「説かないよ」「いいえ、そんなことを仰らずに説いてください」を三回繰り返すこと）を経た後、ついに説法を決意する、という内容となっています。

なんと釈尊は、「たとえ私が覚りの境地を説いたとしても、他の人々は私の言うことを理解してはくれないだろう。そうだとしたら、私には〝伝わらない〟という悩みと、〝やっぱり伝わらなかった〟という徒労感のみが残ることになる」[13]、「私が難行の末にやっとのことで証得した涅槃の境地を、今や説く必要は何もない。貪りと瞋りに打ち負かされている者たちには、この境地を理解することなどできないからだ。それは、流れに逆らって川を遡るようなものであり、甚深微妙にして難見である。貪欲に染まり、闇黒に覆われている者たちは、とうてい見ることができない」[14]という、およそ「慈悲深いお釈迦さま」というイメージからはほど遠い理由によって、説法をためらっていたのです。では、真理・涅槃の境地を説いたとしても、なぜ衆生はそれを理解できないのでしょうか。それについて釈尊は「私が覚ったこの境地（縁起の順観と逆観の実践を通して証得した真理。涅槃）は、甚深微妙であり、賢者だけが体験できるものである。ところが、アーラヤを楽しみ、アーラヤを喜び、アーラヤに執着している衆生たちにとって、この覚りの境地は理解することはできない」[15]としています。

「アーラヤ」とは「家、住処、入れ物、容器、置き場、貯蔵所、貯蔵物」を意味することばです。執着の対象となる貯蔵物・蓄えられているものは、この文脈では「これまでの経験・体験・習慣（言語習慣を含む）」を指しています。人は、これまで蓄えてきた経験・体験・習慣に依拠し、それに基づいて生きています。ものごとに対する判断や認識も、各自が蓄えたアーラヤに基づいて行われます。この「アーラヤに依拠する生き方」は、人が出会うものごとを、その人のアーラヤからの演繹や類推によって解釈できる、という点ではとても有効で便利なものですから、人が世界を認識し、その中で生きていく際の原則的方法論にもなっています。ところがこの「アーラヤに依拠する生き方」には、その人のアーラヤに蓄えられていないものごとやできごとに出会ったときに、その事象の認識をかえって誤らせてしまうという欠点も有しているのです。

例を挙げてみましょう。リンゴの見た目や味をことばで伝えることはできるでしょうか。もしあなたが、「リンゴとは、丸くて赤くて青くて硬くてシャキッとしていて甘くて酸っぱくて美味しい果物だ」と告げられたとしたら、おそらくあなたは「その通り」と答えるでしょう。リンゴの見た目や味は、あなたにことばで伝えることができました。でも、それはあなたにはリンゴを味わった経験があったからなのです。もし、ここにリンゴを見たことも食べたこともない人があったとして、その人に同様のことが可能でしょうか。いいえ、それは不可能なのです。リンゴを味わった経験のない方は、リンゴの見た目や味をことばで告げられたとき、自らのアーラヤに基づいて勝手に判断してしまいます。たとえば、「リンゴは、卵のように丸くて、血のように赤くて、カビのように青くて、石のように硬くて、ナシのようにシャキッとしていて、砂糖のように甘くて、レモンのように酸っぱい」などというように。なんと奇っ怪な果物でしょうか。そのような果物を誰が食べようと思うでしょうか。リンゴはとても美味しい果物なのに、リンゴを食べたことのない人に対して、無理にことばで伝えようとしたばっかりに、その人はせっかくの美味しいリンゴを食べようとする気持ちをおこすどころか、まさに「食わず嫌い」にさせてしまいました。これでは何も伝えなかったほうがまだましでしたね。

涅槃の境地も全く同様なのです。釈尊以外には誰も経験したことのない涅槃の境地を、無理にことばで伝えようとしても、人は各自のアーラヤに基づいて知らず知らずのうちに曲解してしまい、その結果、涅槃を誤解し、中には涅槃を求めようという気持ちを失う者も出てくるでしょう。実際、釈尊は「誰も経験したことのない覚りの境地を無理矢理ことばで伝えようとすると、人々を悩害するおそれがある(16)」と述懐しています。

しかし、「ああ、世間は滅んでしまう。正しく覚ったお方が沈黙し続け、説法しようとされないとは(17)」「どうか法をお説き下さい。甘露の門をお開き下さい(18)」という梵天の勧請を三度にわたって受けた釈尊は、慈悲心をもって世間を観察し、ついに説法の決意をしました。成道の地ブッダガヤーを出立した釈尊は、最初の説法をかつての修行仲間（五比丘(19)）に対して行うために、彼らがいるヴァーラーナシー(20)郊外の鹿野苑へと向かったのです。

では釈尊は、真理をことばで伝える方法を思いついたのでしょうか。いいえ。そうではありません。先の躊躇にあったように、涅槃という釈尊の内的な真理体験をことばで伝えることは、依然として不可能なままでした。釈尊はそれを十分に承知した上で、説法を決意したのです。当然ながら、そこで説かれる教え（法）は、涅槃という真理そのものではありえません。これは、「初めに言《ことば》があった。言《ことば》は神と共にあった。言《ことば》は神であった(21)」に代表されるように、「神＝真理＝ことば」という理解が成立している、キリスト教やイスラームをはじめとする天啓教との大きな相違点でもあります。仏教においてことばは、真理をまるごと担うことはできないのです。そうであるにもかかわらず釈尊が説法を決意したのは、真理そのものではなく、真理に至る手段を伝えるものとして、ことばを使おうと考えたからなのです。

五比丘に対する最初の説法（初転法輪）の内容は四諦[22]の教説でした。四諦は、苦諦《くたい》（苦という真実）、集諦《じったい》（苦の原因に関する真実）、滅諦《めったい》[23]（苦の制御に関する真実）、道諦《どうたい》（苦の制御に至る方法に関する真実）よりなり、最後の道諦は、

《比丘たちよ、如来が修証した、正しい覚り・涅槃へと通ずる中道とは何かと言えば、それは八正道である。すなわち、正見（正しい見解）、正思（正しい思惟）、正語（正しいことば）、正業（正しい行い）、正命（正しい生活）、正精進（正しい努力）、正念（正しい注意力）、正定（正しい精神統一）である[24]》

と、四諦・八正道として示されています。そこには涅槃の境地は一切開示されていません。どこまでも、現実認識、原因の究明、未来への可能性、そしてそこに至る方法が示されているだけなのです。

仏教における教説（法）は成仏の境地そのものではありません。成仏へと至る手段（方

便）なのです。そしてそれが成仏へと至る方便である限り、どのような法であれ是認されます。正見（正しい見解）ないし正定（正しい精神統一）という八正道の教説の中で「何が正しいのか」が具体的に何も示されていなかったのは、ある人を涅槃へと導く道であれば、それがその人にとっての正しい道だ、という理解が根底にあるからにほかなりません。

それゆえ、仏教における法は「八万四千の法門」といわれるように、天啓教のそれに比べると遥かに膨大な量を誇るまでになったのです。これも、「真理はことばには投影しきれない。ことばは真理へと至る手段である。手段は個々人によって異なってよい」という考え、そして、「自分に合った手段で、ゴールである成仏を目指して欲しい」という釈尊の願いに基づくものでした。仏教においてことばは、真理へと至る必須の手段なのです(25)。

天啓教における、

神のことば　＝　真理そのもの

という等式は仏教では成立しません。仏教では、

釈尊のことば　＝　真理に至る手段

なのです。ですから、それが真理に至る手段であれば、誰が説いたとしてもそのことばは「釈尊の直説、正法」として認定されるのです。仏教とは、そういう宗教なのです。

どうですか。驚かれた方もあるのではないでしょうか。中にはもしかすると、「そんなこと、鈴木が勝手に言っているだけじゃないのか」と疑いの念を持たれた方もあるかもしれません。でも、ご心配にはおよびません。経典にきちんと書いてあるのです。しかもそれは大乗経典ではなく、初期経典の中にです。

「何であれ善く説かれたものであれば、それは全て釈尊のことばである」

（『増支部経典＝アングッタラ・ニカーヤ[26]』）

「善く説かれたもの、善説」（スバーシタ）とは、「方便の力」に基づいて生み出された、人々を健康（涅槃、覚り、救い、安心）に向かわせる治療（教え）を意味します。

はい。悩み苦しむ人々を救うことのできる教説であれば、それを説いた人がたとえ歴史的人格としての釈尊ではなかったとしても、その教説を「釈尊の直説、仏説、正法」と認めるのが、仏教という宗教の根本的特性の一つなのです。(27)

心の呻きに応えられる仏教を

以上、第1章からここまでの議論を総合すれば、日本における葬式仏教も、日本人の心を安んじるため、方便の力が発揮されて形づくられた「釈尊の直説、正法」にほかならないことになります。そうです。過去の日本の仏教者は、方便の力を見事に活用して、葬式仏教という、日本人向けの処方箋・治療薬を生み出していたのです。

ところが、すでに見たように、葬式仏教に特化した日本の仏教は、いかにそれが「善説、仏説」であるとはいえ、「日本人の仏教に対する理解が深化しない」や、「日本人にホリスティックな安心を与えられない」などというマイナス面も抱えることになりました。仏説は「オールマイティな神の声」ではなく、時・処・人・苦悩・願いの違いに応じて、個別に処方された治療薬です。葬式仏教だけで、人々の全ての苦悩や願いに応じることはできません。

ですから、私たち現代に生きる仏教者も、先達たちに倣い、現代日本人の切実な願い・心の呻きに応える教えを説けるよう、方便の力を磨かなければなりません。だからといって、それは葬式仏教を離れたり、捨てたりすることではありません。「胃腸薬が手に入ったから、頭痛薬は今後一切不要だ」というのがありえないのと同じです。

「善説は全て仏説である」という仏教の根本的特性を自覚した上で、葬式仏教を大切にし、同時に葬式仏教以外の治療も施せるようになりましょう。これが、筆者が申し上げたいことなのです。

仏教は教義を固定化しない柔軟さと、柔軟であるがゆえの強靭さを兼ね備えています。日本の仏教者が仏教の特性をよく理解し、方便の力を発揮することで多種多様な治療薬を施せるようになるならば、現代日本人に必ずやホリスティックな安心を与えることができ、日本仏教も今後ますます発展していけると、筆者は信じています。

いよいよ次章がまとめです。〈葬式仏教正当論〉のしめくくりとして、「戒名・法名・法号」の問題を考えてみたいと思います。

第5章
亡くなった人に戒名を授けるのは正しい

日本独自の戒名死後授与問題

これまでは主に〈葬式〉自体に焦点を当てて、

一、日本における葬式仏教は、日本人の心を安んじるため、方便の力が発揮されて形づくられた、「釈尊の直説」にほかならないこと。

一、「善説は全て仏説である」という仏教の根本的な特性を自覚した上で、「葬式仏教」を大切にしながら、同時に「葬式仏教」以外の治療も施すことで、日本の仏教は今後も発展していくことができること。

これらを順次明らかにしてきました。この結果、日本の葬式仏教は、歴史的にも仏教の特性面からも、まったくもって〈正当かつ正統な仏教〉であることが確認できました。

ところで、「葬式仏教批判」と並んで最近よく聞こえてくるのが「戒名・法名・法号不要論」です。そこで、この「戒名・法名・法号[1]」（以下、略して戒名と称します）をめぐる問題についても考えてみたいと思います。

戒名が不要だと主張される方の中には、「釈尊の時代に戒名はなかった」と仰る方もいらっしゃるようです。たしかに現存する原典資料に基づく限り、「戒名は必須だ」と釈尊が説いている記述を見出すことはできないかもしれません。

そもそも戒名とは何でしょうか。『岩波仏教辞典第二版』（岩波書店）によれば、《もと、受戒した者に与えられた名。――中略――仏教に帰依入信した者に授けられた。――中略――出家・在家の区別なく与えられた。――中略――戒名＝法名はもとより生前入信したときに与えられたが、在家の男女が死後、僧から〈法名〉を与えられることが行われるようになり、これをも〈戒名〉とよんだ。この種の戒名は、日本では中世末期ごろからみられ、近世の檀家制度のもとで一般的となり、戒名といえば、この死後授与の法名を指す》とあります。

なるほど、生前に授与されるケースももちろんありますが、死後の授与が圧倒的に多い「日本独自の戒名事情」を見て、「これは正当・正統な仏教ではない」と考える人がいたとしても、その方の主張をあながち否定できないのではないかと思われても不思議はないでしょう。

ところが、実はこの「日本独自の戒名事情」にこそ、戒名の〈正当性・正統性〉を示す重要なポイントがあるのです。

釈尊の初転法輪に学ぶこと

ここで、本書の〝定番〟とも呼べる、「インド語原典資料への回帰」を行いましょう。用いる資料は『中部経典＝マッジマ・ニカーヤ』です。

翻訳に入る前に、まずは背景と場面を説明しておきます。

ご存じのように、釈尊は釈迦族の王子（パーリ語名＝ゴータマ・シッダッタ、サンスクリット語名＝ガウタマ・シッダールタ(2)）として紀元前五世紀(3)のインドに生を受けながら、生・老・病・死（四苦）に代表される苦を克服するために出家し、多年にわたる修行の後、覚りを得てシャーキャムニ・ブッダ（釈尊、釈迦牟尼仏）に成ったと伝えられています。

当時の出家修行者（沙門）が行う修行の代表例として苦行が挙げられます。釈尊（当時は修行者ゴータマ）もその例にもれず、命懸けの苦行を実践しました。とくに断食苦行は凄まじく、眼窩は落ち込み、腹の皮と背骨はくっつき、身体をさすると腐った毛根とともに体毛が抜け落ちるまでに衰弱したと伝えられています[4]。その様子は、パキスタンのラホール博物館にある「苦行釈尊像」（写真）からも窺い知ることができます。

ところが、沙門ゴータマには、そのようにひどく衰弱した状態では、とても涅槃を得ることなどできないのではないか、という疑問が生じます。そしてついに苦行の放棄を決断し、差し出された乳粥を食して英気を養いました[5]。

当時、沙門ゴータマのそばには、憍陳如《きょうじんにょ》（カウンディニャ）をはじめとする五人の修行仲間がいました。〝沙門ゴータマはいずれ真理を覚り、それを私たちに教えてく

沙門ゴータマ苦行像（パキスタン・ラホール博物館）

れるだろう[6]〟と期待していたからです。しかしゴータマが乳粥を摂ると、その五人の修行仲間は〝沙門ゴータマは贅沢になり、奢侈に陥り、勤め励むことを放棄したのだ[7]〟と嫌悪して、彼のもとを去ってしまったのでした。

さてその後、沙門ゴータマはただ独りで修行を続け、その結果、覚りを得てブッダである釈尊と成りました。第4章で述べたように、釈尊が得た涅槃という真理は、各自が体験し覚らなければならず、ことばで他人に伝えることはできません。しかし、真理へと至る手段を教えることはできます。真理に至る手段である中道（＝八正道）を最初に説くのは誰にしようかとあれこれ思案して、最終的にはかつての五人の修行仲間に対して説こうと決意します。

その頃、五人の修行者たちはヴァーラーナシー郊外の鹿野苑《ろくやおん》（ムリガダーヴァ[8]。現在のサールナート）で、引き続き修行に勤しんでいました。「聖なる河ガンジス[9]」沿いには数多くの聖地がありますが、中でも「解脱に最も近い場所」といわれるヴァーラーナシーは、古来ガンジス河流域で最も人気の高い聖地であり、多くの人が集まっていました。多くの人が集まる場所の近くには、出家修行者（沙門）たちも集ってきます。自らは生産活動に携わらない出家者は、在家者からの布施がなければ生きていけません。ヴァーラーナシーという大きな都市の郊外にある鹿野苑は、沙門たちにとって修行するにも布施を受けるにも格好の場所だったのです。

以下に示す和訳は、釈尊が鹿野苑へと向けて歩を進めているところから始まります。

〔釈尊は、初転法輪《しょてんぼうりん》に臨んだ当時のことを追想して弟子たちに告げた〕

「私は順次に歩を進めながら、五人の修行者たちがいる、ヴァーラーナシーにある仙人の集う場所である鹿野苑へと向かった。

さて、五人の修行者たちは、遠くから私が近づいてくるのに気付いた。私を見て彼らは〝おいおい、贅沢になり、奢侈に陥り、勤め励むことを放棄したあの沙門ゴータマがやって来るぞ。あいつには挨拶なんかしては絶対にだめだし、立ち上がって出迎えてもいけない。あいつの衣鉢《えはつ》を受け取って〔迎え入れて〕もならないぞ。ただ、坐る場所くらいは設けてやろうか。もしあいつが望むのならば、坐らせてやろう〟と、お互いの間で取り決めたのであった。

ところが私が徐々に近づいて来るにつれて、五人の修行者たちは〔仏である私の威光に打たれて〕、自分たちの約束を守ることができなくなってしまった。ある者は私を出迎えて衣鉢を受け取った。坐る場所を設ける者もあった。〔長旅で汚れた〕足を洗う水を用意する者もあった。そのような中で、私に対し、〔ゴータマという仏に成る以前の〕名前で呼びかけたり、「同輩よ」と呼びかけたりする者があった。

このように呼びかけられたので、私は五人の修行者たちに次のように告げたのであった。〝修行者たちよ。如来に対して〔仏に成る以前の〕名前で呼びかけたり、同輩よ、と呼びかけたりしてはならない。〔私は〕尊敬されるべき者、如来、仏なのである〟と[10]」

成仏した者には戒名が必要なわけ

この原典資料からも分かるように、釈尊は仏を、仏に成る前の名前で呼ぶことを明確に禁じています。そして、これは釈尊の場合だけではありません。有名な例では、阿弥陀仏（アミターユス、アミターバ）も成仏する以前は法蔵（ダルマーカラ）という名の修行者でした。(11) このように、仏教では、仏に成ると名前が変わるのです。ゴータマが釈尊に変わり、法蔵が阿弥陀仏に変わったように。これが仏教の伝統なのです。

仏は聖者《しょうじゃ》です。聖者には聖者にふさわしい「聖なる名前」で呼ぶのが仏教の伝統です。仏の名前が「聖なる名前」であるならば、「聖と俗」という対応関係から考えて、仏に成る以前の名前を「俗なる名前、俗名」と呼んでかまわないでしょう。すなわち、

仏に成ると名前が変わる。仏を俗名で呼ぶことは堅く禁じられている

これが仏教の正しい伝統ということになります。

はい。仏には仏にふさわしい聖なる名前があり、仏に成る以前の俗名で呼ばないのが、正当かつ正統な仏教者の態度なのです。

翻って日本を見てみると、日本では亡くなった方を神（祖先神、ご先祖さま）・仏（仏さま）として畏怖し、敬い、お祀りしてきた伝統があります。

これを「俗信だ。修行をして覚りを得ることが成仏であって、亡くなったからといって

成仏するなどというのは正しい仏教ではない」といって切り捨てようとする方も世間にいるかもしれませんが、筆者に言わせていただければ、おそらくその方は仏教の根本的特性をご存じないのではないでしょうか。

前章で明らかにしたように、

「何であれ善く説かれたものであれば、それは全て釈尊のことばである」

（『増支部経典＝アングッタラ・ニカーヤ』）

これが仏教の一貫した態度です。「方便の力」に基づいて生み出された、人々を救い、安心に向かわせる教えであれば、それを「釈尊の直説」と見なすのが仏教の根本的特性なのです。そして、日本人が仏教に最も強く望んだのは、その呪術的力をもって除災招福をもたらすとともに、死者の魂を浄化し、祖先神を強化することでした。

はい。日本における葬式仏教は、日本人の心を安んじるため、方便の力が発揮されて形づくられた「釈尊の直説」にほかならないのです。

日本人は、亡くなった方が仏教の呪術的力をもってその死穢が浄化され、清浄なご先祖さま・仏さまと成ることを願いました。そしてご先祖さま・仏さまからの守護・加護を希《こいねが》ったのです。

そこで、先の仏教辞典にあったように、

《戒名といえば、この死後授与の法名を指す》

ということであるならば、

戒名は仏さま（亡くなった方）、もしくは仏さまへの道に入った方（仏道修行を決意した方）にお付けする名前である。

と考えるのが妥当でしょう。

これまでの議論を整理してみましょう。

一、日本では、亡くなった方を仏さまとして敬う伝統がある。それは決して俗信ではなく、正当・正統な仏教である。

一、仏教では、仏に成ると名前が変わる。仏を俗名で呼ぶことは堅く禁じられている。

一、したがって、仏教式葬送儀礼を行う以上、亡くなった方には仏さまとしての新しい名前をお付けしなくてはいけない。それが、死後に授与される戒名（法名、法号）である。

ときに、「戒名を付けないと成仏できない、などというのは、僧侶の脅し文句だ」といわれることもあるようですが、とんでもありません。

「戒名を付けないと成仏できない」のではなく、「成仏した方には戒名が必要」なのです

本書を読まれているご住職のみなさま、どうぞ自信と信念を持って戒名をお付けし、葬儀をご執行ください。そして本書を読まれている在家のみなさま、どうぞ安心して戒名を付けていただき、葬儀を執行してもらって下さい。

僧侶と在家のあるべき関係

これまでに明らかになったように、日本の仏教者が葬儀を執行することも、亡くなった方に仏さまの名前である戒名を付けることも、まったくもって正当で正統な仏教です。日本仏教に携わる方々におかれましては、どうぞ自信をお持ちください。ただ、それと同時に、次のことにも是非、気をつけていただきたいのです。

それは、第3章で述べた、

時代や地域のいかんを問わず、人々の願いに応えられない宗教集団が生き残ったためしはありません。いかに宗教者側が「自分たちの教えはこうだ。だから信じろ」と迫ったとしても、それが人々の願い（ニーズ）に合致していなければ、単に宗教者側の独りよがりに過ぎなくなってしまいます。（72頁）

という、とても大切な原則・確認事項があることです。

いかに葬儀の執行や戒名の授与が正当で正統であったとはいえ、それが人々にとっての「善く説かれたもの」「効き目のある治療薬」となっていないときには、今度はその正当性と正統性が失われることもあるのです。

すなわち、「お坊さんにきちんとした葬儀をしてもらって嬉しい。よい戒名も付けていただき、故人もさぞ喜んでいることでしょう。これからはご先祖さま・仏さまとなった故人を供養しながら、ご加護を頂戴していきたいと思います」という方々には、葬儀の執行や戒名の授与が正当で正統なのです。

これに対して、「別に葬式しなくてもいいのではないだろうか。火葬して納骨だけできればいい。戒名よりも、俗名の方が親しみがあってよい。そもそも、〝戒名料〟が高い」という方々には、その意識を持ったままでは、葬儀の執行や戒名の授与は、正当・正統な「釈尊の直説」とはならなくなってしまいます。

もちろん、そのような方々には、葬儀や戒名や布施の意味を僧侶が教え、仏教儀礼を通して心の安心を得ていただけるよう教化《きょうけ》していくことが必要ですし、それが本道だと思います。ですが、その際に、「望まない葬儀の執行や、戒名の授与や、布施を強要されている」と人々が感じてしまったとしたら、残念ながらその教化は失敗であったといわざるを得ません。万が一にも、「このお坊さん、私たちからお金をむしり取ろうとしているのではないか」と思われてしまうようでは台無しなのです。

たしかに、在家の方々からの布施が、寺院経営と僧侶の生活を支えているのは事実です。そしてそれは、僧侶が修行を続けながら、釈尊に由来する仏法を伝承していくため営まれてきた、インド以来、そして何より、仏教の原点である釈尊以来の伝統でした。ただ、だからといって僧侶が、布施収入を得ることが目的化してしまい、修行や伝承、そして人々の安寧が後回しになるようなことがあれば本末転倒です。

福田思想のもと、より高徳の宗教家に、より多くの布施が集まるインドのように、日本でも「ああ、あのお坊さんは素晴らしい。安寧のため、是非ともあのお坊さんに儀式を執行してもらいたい。あのお坊さんに戒名を付けてもらいたい」と思っていただき、その結果として多くの布施が集まり、寺院の維持経営と僧侶の生活が支えられていく、というのが、僧侶と在家の方々との関係のあるべき姿だと感じています。

若者は本当に「三離れ」なのか

本書を読まれている方の中には、僧侶・ご住職の方も少なくないと思います。もしかすると「何を言うか。それは理想論に過ぎないよ」と反論される方もいらっしゃるかもしれません。

ただ、どうかご理解ください。筆者は大学に籍を置く仏教学研究者であると同時に、一人の僧侶であり、住職であり、仏教徒・信仰者です。その立場から日本仏教や寺院の現状と未来に危機感を覚えつつ、何とかしたい、何とかできないか、と日々模索している者の一人です。

したがって、本書も、一般の方々が持たれているこれまでの誤解を解くとともに、僧侶の方々にも、日本の仏教は正当かつ正統な「釈尊の直説」なので、どうぞ自信と信念を持って儀式を執行し、戒名を授与していただきたい、との思いから執筆してきたものです。

お葬式離れ、お墓離れ、お寺離れを総称して「三離れ」と呼ばれています。とくに若者にその傾向が強いとも指摘されていますが、筆者の乏しい経験に基づいて発言させていただくならば、「三離れはいざ知らず、少なくとも若者は〝仏教離れ〟ではない」、より正確に言うならば、「若者の〝仏教離れ〟をくい止める術を仏教は持っている」ということです。

筆者が現在勤務している山口県立大学は、地方の小さな公立大学です。インド哲学仏教学の講座を持っている大学や宗門系の大学とは異なり、入学当初から「仏教を学んでいこう」という学生は、皆無に等しい状況です。仏教を専門に教える授業も、学部では「仏教文化論」という一科目（半期三十時間二単位）のみにとどまっています。

ところがその中で、仏教が持っている「方便の力」「多様性の許容」「軋轢や対立を未然に防ぐ智慧」「無明《むみょう》という自己中心性の有害性とその退治法」などを中心に講義をすると、多くの学生が目を輝かせて話を聴いてくれるのです。そして毎年、そのうちの何名かは（決して大人数ではありませんが）筆者のゼミの門を叩き、インド語原文でより深く仏教を学んでくれています。

今日の世界や自分自身について、様々な問題があることを若者たちは敏感に感じ取っています。そしてそれらの問題に何とか対処したいと願っているのです。ただ、どうしたらよいか分からないために立ち止まらざるを得ない若者も少なくありません。これまでの僅かな経験を通しても、仏教的なものの見方や生き方が、彼らに一筋の光明を与えることができるのだと実感させていただいています。

〈聞く耳〉を持ってもらおう！

宗教と人間の関係は、ある宗教の信者として生き、死に、そしてその宗教の信者としての死後の世界がある、というのが基本です。宗教は人間をホリスティックに（まるごと）面倒を見て安心を与えるものだからです。そのために、常日頃より僧侶や仏教に対する信頼感を持ってもらい、檀信徒さんを含めた多くの方々に、僧侶のいうことに〈聞く耳〉を持ってもらうことが肝要ではないでしょうか。

僧侶が信頼され、そして仏教が日本の方々にホリスティックな安心を与えることができるならば、葬式・戒名不要論も、三離れの問題も、自ずから消え去るに違いありません。そしてこのことは同時に、「檀家さんへの過度の経済的傾斜からの脱皮」や「寺院の公益性」とも無関係ではないはずです。

以上、全5章にわたって述べさせていただいてきた〈葬式仏教正当論〉も、ここでひとまずは結びを迎えることとなりました。今後、日本仏教がますます発展していき、人々に安心・安寧を与え続けることを祈念しつつ、筆を擱かせていただきます。

葬式仏教正当論

―仏典で実証する―

注

〈略号及び使用テクスト〉

AN *Aṅguttara-Nikāya*, 5 Vols., Pali Text Society, London.
(『増支部経典＝アングッタラ・ニカーヤ』)

Dhp *Dhammapada*, Pali Text Society, London.
(『法句経＝ダンマパダ』)

DN *Dīgha-Nikāya*, 3 Vols., Pali Text Society, London.
(『長部経典＝ディーガ・ニカーヤ』)

MN *Majjhima-Nikāya*, 3 Vols., Pali Text Society, London.
(『中部経典＝マッジマ・ニカーヤ』)

SN *Saṃyutta-Nikāya*, 5 Vols., Pali Text Society, London.
(『相応部経典＝サンユッタ・ニカーヤ』)

Sn *Suttanipāta*, Pali Text Society, London.
(『経集＝スッタニパータ』)

TherīG　*Therī-Gāthā*, Pali Text Society, London.
（『長老尼偈＝テーリーガーター』）

Vin　*Vinayapiṭaka*, 5 Vols., Pali Text Society, London.
（『律蔵＝ヴィナヤ・ピタカ』）

SP　*Saddharmapuṇḍarīka*, ed. H. Kern and B. Nanjio, St. Petersburg, 1908-1912.
（『法華経＝サッダルマプンダリーカ』）

Sukh　*The Larger and Smaller Sukhāvatīvyūha Sūtras*, ed. K. Fujita, Kyoto, 2011.
（『無量寿経＝スカーヴァティーヴューハ』）

Suv　*Suvarṇabhāsottamasūtra*, ed. J. Nobel, Leipzig, 1937.
（『金光明経＝スヴァルナプラバーサ』）

（参考文献）

井沢元彦［2002］「仏教と日本教」（『仏教文化』42、一九〜五七頁）
片山一良［1979］「パリッタ（Paritta）儀礼の歴史的背景―アッタカター文献を中心にして―」（『駒沢大学仏教学部論集』10、一一二〜一二四頁）
木村清隆［1979］『中国仏教思想史』（世界聖典刊行協会）
佐々木閑［1999］『出家とはなにか』（大蔵出版）
［2000］『インド仏教変移論―なぜ仏教は多様化したのか―』（大蔵出版）
［2003］「インド仏教における儀礼と習俗」（『仏教の歴史的・地域的展開』仏教史学会編、法藏館、一六三〜一八二頁）
下田正弘［1997］『涅槃経の研究―大乗経典の研究方法試論―』（春秋社）
［2001］「〈近代仏教学〉と〈仏教〉」（『仏教学セミナー』73、九七〜一一八頁）
［2013］「初期大乗経典のあらたな理解に向けて―大乗仏教起源再考―」（『智慧／世界／ことば　シリーズ大乗仏教４』、春秋社、三〜一〇〇頁）

ショペン＝グレゴリー
［2000］『大乗仏教興起時代　インドの僧院生活』（小谷信千代訳、春秋社）
鈴木隆泰
［2005］「日本仏教は「葬式仏教」か―現代日本仏教を問い直す―」（『山口県立大学国際文化学部紀要』11、三一～四四頁）
［2006a］「仏教史の謎を巡って―サンスカーラとの共存の可能性と実現性―」（『山口県立大学国際文化学部紀要』12、二五～三五頁）
［2006b］「釈尊の遺言―その現代的メッセージを読み解く―」（『山口県立大学大学院論集』7、一～一八頁）
［2012］「体験とことば―真理に至る手段を伝える―」（『中外日報』二七七九〇号、「論・談」平成二十四年十二月八日号、五面）
［2013a］「最新版仏教文化基礎講座 初めての人に仏教を説くために―第25講 施食や寄進に対して釈尊はどのように応えたか―」（月刊『寺門興隆』一七四号、興山舎、一三六～一四〇頁）
［2013b］「最新版仏教文化基礎講座 初めての人に仏教を説くために―第27講 釈尊への弟子入りが増えるにつれて何が起きたか―」（月刊『寺門興隆』一七六号、興山舎、一三六～一四〇頁）

［2013c］「最新版仏教文化基礎講座 初めての人に仏教を説くために―第29講 羅睺羅の出家と須達の祇園精舎の寄進で分かること―」（月刊『寺門興隆』一七八号、興山舎、一二〇～一二四頁）

田中公明・吉崎一美
［1998］『ネパール仏教』（春秋社）

種村隆元　［2004］「インド密教の葬儀―*Śūnyasamādhivajra* 作 *Mṛtasugatiniyojana* について―」（『死生学研究』4、二六～四七頁）

圭室諦成　［1963］『葬式仏教』（大法輪閣）

長澤宏昌　［2012］『散骨は、すべきでない―埋葬の歴史から―』（講談社ビジネスパートナーズ）

中村　元　［1978］『ブッダの真理のことば・感興のことば』（岩波書店）

［1980］『ブッダ最後の旅』（岩波書店）

［1982］『尼僧の告白』（岩波書店）

［1984］『ブッダのことば』（岩波書店）

［1992a］『ゴータマ・ブッダⅠ』中村元選集第11巻（春秋社）

［1992b］『ゴータマ・ブッダⅡ』中村元選集第12巻（春秋社）

奈良康明〔1979〕『仏教史I』(山川出版社)

〔1985〕「インド社会と大乗仏教」(『大乗仏教とその周辺 講座・大乗仏教10』、春秋社、三五～八〇頁)

〔1988〕『釈尊との対話』(日本放送出版協会)

〔1993〕『仏教と人間』(東京書籍)

平木光二〔2004〕「第三六経 身体の修行と心の修行―マハーサッチャカ経―(訳)」(『原始仏典第4巻 中部経典I』、春秋社、五二九～五五六頁)

ひろさちや〔1987〕『インド仏教思想史 上』(大法輪閣)

〔2000〕『「宗教」の読み方』(すずき出版)

松尾剛次〔2011〕『葬式仏教の誕生―中世の仏教革命―』(平凡社)

松尾瑞穂〔2011〕「現代インドにおける都市中間層と葬送儀礼の変化―ナラヤン・ナーグ・バリ儀礼を事例として―」(『年報人類学研究』1、八五～一〇七頁)

Bareau, A.〔1962〕La Construction et le culte des *stūpa* d'après *Vinayapitaka*, *Bulletin de l'École Française d'Extrême-Orient* #50, pp. 229-274.

Schopen, G.〔1991〕Monks and the Relic Cult in the Mahāparinibbānasutta: An Old

Misunderstanding in Regard to Monastic Buddhism, *From Benares to Beijing: Essays on Buddhism and Chinese Religion in Honour of Prof. Jan Yünhua*, ed. Shinohara, K. and Schopen, G., Oakville, Ontalio/New York/London, pp. 187-201.

[1997] *Bones, Stones and Buddhist Monks: Collected Papers on the Archaeology, Epigraphy, and Texts of Monastic Buddhism in India*, Honolulu.

Suzuki, T. [2004] Rites and Buddhism: A Perspective from the *Sarasvatī-parivarta* in the *Suvarṇaprabhāsa, Journal of Indian and Buddhist Studies* #104, pp. 12-17.

[2005] The Unchanged Intention of the Compilers of the *Suvarṇaprabhāsa:* An Examination through the Verification of the Hypothesis on "the Independence of [Mahāyāna] Buddhism," *Journal of Indian and Buddhist Studies* #106, pp. 20-26.

[2006] The Primary Introduction of the Rites for Good Fortune into the *Suvarṇaprabhāsa* Described in the *Śrī-parivarta, Journal of Indian and Buddhist Studies* #109, pp. 42-50.

[2007] An Intention of the Compilers of the *Suvarṇaprabhāsa* Expressed and

Intimated in the *Dṛḍhā-parivarta, Journal of Indian and Buddhist Studies* #112, pp. 64-72.

[2008] The Characteristics of "the Five Chapters on the Various Gods and Goddesses" in the *Suvarṇaprabhāsa, Journal of Indian and Buddhist Studies* #115, pp. 66-73.

[2009] The Attainment of Supreme Enlightenment through the Offerings Represented in the *Suvarṇaprabhāsa, Journal of Indian and Buddhist Studies* #118, pp. 78-86.

[2010] Linking the Buddha's Attainment of Supreme Enlightenment to the Welfare of Beings in the *Suvarṇaprabhāsa, Journal of Indian and Buddhist Studies* #121, pp. 62-70.

[2011] The Beginning: The First Chapter of the *Suvarṇaprabhāsa, Journal of Indian and Buddhist Studies* #124, pp. 104-112.

[2012] Who Is the One That Has to Make Confession under the Instruction of the *Suvarṇaprabhāsa?, Journal of Indian and Buddhist Studies* #127, pp. 96-104.

[2013] What the Preachers of the *Suvarṇaprabhāsa* Resolved in the *Kamalākara-parivarta*, *Journal of Indian and Buddhist Studies* #130, pp. 85-92.

注記

■第1章　葬式仏教・祈禱仏教は間違っていない

（1）日本への仏教伝来は、『日本書紀』の記述に基づくと公的には五三八年とされるが（仏教公伝《こうでん》）、実際にはそれ以前より半島などからの帰化人たちによって、私的に仏教が日本に伝えられていたと考えられている。

（2）近代以前においては、富永仲基《とみながなかもと》が『出定後語《しゅつじょうごご》』（一七四五年）を著して「加上説《かじょうせつ》」を唱え、大乗経典が釈尊の直説ではないと主張したことはあったが、当時の仏教者はその説を受け容れることなく、「大乗経典こそ釈尊の真意である」という自説を堅持し続けていた。富永の提唱した「加上説」は、学問的には正当であることがすでに立証されている。同時に、彼が仏教という宗教の特性を正しく理解していなかったことについても留意されておくべきである。本書第４章99頁以下参照。

（3）西洋に端を発する文献学philologyは、原始福音書資料とみなされた「Q資料」を復元しようとする熱意の中で鍛え上げられた学問である。学問である以上、文献学においても資料に対する「批判的critical」な姿勢は当然要求されるが、同時にその根底には、資料である聖書、そして何よりも「神、創造主」に対する敬虔な態度が常に存在していた事実は看過されてはならない。
（4）代表例として、中村［1992a, 1992b］が挙げられる。
（5）ブッダは、「（真理に）目覚める」の意味を持つサンスクリット語の動詞 budh の過去分詞buddha（真理に目覚めた～）の名詞的用法（真理に目覚めた者）に由来する一般名詞である。一方、シャーキャムニ Śākyamuni とは「釈迦族出身の聖者《しょうじゃ》、釈尊」を意味する固有名詞である。英文で定冠詞と大文字を用いて “the Buddha” と表記する場合、それは通例、仏教の開祖である釈尊その人を指す固有名詞となるが、buddha は本来は一般名詞であるため、釈尊以外のブッダが存在する（存在しうる）ことは、教理上の要請以前に、言語学的にも必然であるといえる。
なお、釈尊のことを「釈迦」と表記・呼称する場合もあるが、この用法が認められるのは、〝「釈迦」が「釈迦牟尼世尊」の略称である〟ということを、用いる本人も、それを見たり聞いたりする相手も了解している場合に限られる。そうでない場合、「釈迦」はどこまでも「釈尊がかつて属していた部族名」にとどまり、仏教の開祖その人を指す表現としては不適当である。一方、「お釈迦さま」は「釈尊」と同義なため、仏教の開祖を指す表現としては問題ないが、学問的な呼称とはいえない。本書では学界における一般的用例を踏襲し、原則として「釈尊」を用いることとする。

（６）小乗の原語は「ヒーナヤーナ　hīnayāna」であり、意味は「劣った乗り物」である。一方の、大乗の原語は「マハーヤーナ　mahāyāna」であり、意味は正反対の「立派な乗り物」である。古来、ブッダの教えは人々を覚りへと導くものとして、舟や馬車などの乗り物に喩えられた。したがって「小乗仏典」とは「仏典の中でも劣った教説」であり、その逆に「大乗仏典」は「仏典の中でも優れた教説」ということになる。このように、大乗・小乗における「大小」は、価値的な意味合いでの大小（立派なのか、劣っているのか）を指しており、実際の大きい・小さいを意味しない。〝自分しか乗れない、自分しか救われない小さな乗物だから小乗である。大勢の人が乗れ、大勢が救われる大きな乗物だから大乗である〟という説明も見かけるが、原義を踏まえていない恣意的な解釈である。

では、何をもって「立派か、劣っているか」を判断するかといえば、その教えが（もっと正確にいえば、その教えに基づいて修行する者が）成仏を目指しているか否かによって決定される。仏教本来のゴールはあくまで成仏であったが、仏滅後のある時期より、一般人のゴールは成仏ではなく、阿羅漢《あらかん》という聖者となることだとされるようになってしまった。この状態の仏教が小乗仏教なのであり、釈尊が小乗仏教を説いたわけではない。いわば仏滅後の弟子たちが、せっかくの仏教（成仏を目指す仏教）を小乗仏教にしてしまったのである。その状態を乗り越え、仏教のゴールを本来の成仏へと戻そうとしたのが大乗仏教なのである。鈴木〔2013b〕参照。

（7）近代仏教学と仏教との関係については、下田〔2001〕に詳しい。

（8）圭室〔1963〕は、葬式を基軸に日本仏教の歴史を辿った研究書であり、筆者も学ぶところ大であった。それによると、かつて権力者は自然信仰の怖畏性を狡猾に利用して庶民を支配しており、また、自然神のたたりを制御する目的で輸入された仏教も、いつしか庶民を呪縛するものとして権力者に利用されていた。そして、そのような不幸な状態にあった庶民の宗教は、仏教葬祭が浸透することによってはじめて、本当に庶民のためのものになったという。しかし残念ながら、一般に「日本仏教は葬式仏教だ」と言われるとき、そこに同書の成果が反映されていることは少ないと思われる。もちろん、圭室〔1963〕は現在の日本の仏教を全面肯定するものではなく、「葬式仏教の抱える課題」も提示している。いずれにせよ、同書の成果を踏まえない「葬式仏教批判」が浅学の誹りを免れないことだけは確かであろう。

（9）要約前のパーリ語原文と和訳は次のとおりである。鈴木〔2005〕参照。

brāhmaṇā bhante pacchābhūmakā kāmaṇḍalukā sevālamālikā udakorohakā aggiparicārikā te mataṃ kālakataṃ uyyāpenti nāma saññāpenti nāma saggaṃ nāma okkāmenti/ bhagavā pana bhante arahaṃ sammāsambuddho pahoti tathā kātuṃ yathā sabbo loko kāyassa bhedā paraṃ maraṇā sugatiṃ saggam lokam upapajjeyyāti//

tena hi gāmaṇi taṃ yevettha paṭipucchissāmi yathā te khameyya tathā naṃ vyākareyyāsi//

taṃ kim maññasi gāmaṇi// idhāssa puriso pāṇātipātī adinnādāyī kāmesu micchācārī musāvādī pisuṇavāco pharusāvāco samphappalāpī abhijjhālu vyāpannacitto micchāditthiko/ tam enam mahājanakāyo saṅgamma samāgamma āyāceyya thomeyya pañjaliko anuparisakkeyya/ ayam puriso kāyassa bhedā param maraṇā sugatiṃ saggaṃ lokam upapajjatīti// taṃ kim maññasi gāmaṇi/ api nu so puriso mahato janakāyassa āyācanahetu vā thomanahetu vā pañjalikā anuparisakkanahetu vā kāyassa bhedā param maraṇā sugatiṃ saggaṃ lokam upapajjeyyāti//

no hetam bhante//

seyyathāpi gāmaṇi puriso mahatim puthusilaṃ gambhīre udakarahade pakkhipeyya/ tam enam mahājanakāyo saṅgamma samāgamma āyāceyya thomeyya pañjaliko anuparisakkeyya// ummujja bho puthusile uplava bho puthusile thalam uplava bho puthusileti// taṃ kiṃ maññasi gāmaṇi api nu sā puthusilā mahato janakāyassa āyācanahetu vā pañjalikā anuparisakkanahetu vā ummujjeyya vā uplaveyya vā thalaṃ vā uplaveyyāti//

no hetam bhante//

evam eva kho gāmaṇi yo so puriso paṇātipātī . . . micchādiṭṭhiko kiñcāpi tam mahājanakāyo saṅgamma samāgamma āyāceyya thomeyya pañjaliko anuparisakkeyya/ ayam puriso kāyassa bhedā param maraṇā sugatiṃ saggaṃ lokam upapajjatūti/ atha kho so puriso kāyassa bhedā param maraṇā apāyaṃ duggatiṃ vinipātaṃ nirayam upapajjeyya// (*SN* iv. 312.5-313.13)

〔村長アシバンダカプッタ〕「尊い方よ、西の地方出身のバラモンたちがあって、彼らは水瓶を携え、苔草で作った花環を着け、沐浴行をなし、火〔の神アグニ〕に仕えることで、死者を送り、慰め、天界に昇らせるそうですが、大徳よ、〔釈迦牟尼〕世尊・応供・等正覚もまた、一切世間の人が身体が壊れて死んで後に、善い来世である天界に転生させることができるのですか」

〔釈尊〕「然らば村長よ、あなたに尋ねよう。思った通りに答えてご覧なさい。殺生をし、盗み、淫らな行いをし、嘘をつき、他人を中傷し、悪口を言い、おべっかを使い、貪欲で、怒りの心を持ち、邪見を抱く者がここにいたとしよう。そこに大勢の人が集まってきて、〝この者が身体が壊れて死んで後に、善い来世である天界に転生せよ〟と請い、礼讃し、合掌して動き回ったとしよう。村長よ、あなたはどう思うか。果たしてその者は、大勢の人が請い、礼讃し、合掌して動き回ったことで、身体が壊れて死んで後に、善い来世である天界に転生するであろうか」

〔村長〕「尊い方よ、そんなことはありません」

〔釈尊〕「さらにまた村長よ、ある者が巨大な石を深い池に投げ入れたとしよう。そこに大勢の人が集まってきて〝おーい、大石よ、浮かんでこい、揚がってこい、陸に昇ってこい〟と請い、礼讃し、合掌して動き回ったとしよう。村長よ、あなたはどう思うか。果たしてその巨大な石は、大勢の人が請い、礼讃し、合掌して動き回ったことで、浮かんだり、揚がったり、陸に昇ったりするであろうか」

〔村長〕「尊い方よ、そんなことはありません」

〔釈尊〕「村長よ、まさにそれと同じことなのだ。殺生をし、（中略）邪見を抱く者があって、そこに大勢の人が集まってきて、〝この者が身体が壊れて死んで後に、善い来世である天界に転生せよ〟と請い、礼讃し、合掌して動き回ったとしても、その者は身体が壊れて死んで後に、苦しみのある、悪い来世である地獄に転生するであろう」

（10）āthabbaṇaṃ supinaṃ lakkhaṇaṃ no vidahe atho pi nakkhattaṃ/（*Sn* 927）。中村［1984］、鈴木［2005］参照。

〔釈尊〕「〔私の弟子は〕アタルヴァ・ヴェーダの呪法も夢占いも吉凶占いも星占いも行ってはならない」

（11）kathaṃ mayaṃ bhante tathāgatassa sarīre paṭipajjāmāti//
avyāvaṭā tumhe ānanda hotha tathāgatassa sarīrapūjāya/ iṅgha tumhe ānanda sadatthe

ghaṭatha/ sadattham anuyuñjatha/ sadatthe appamattā ātāpino pahitattā viharatha/ sant' ānanda khattiya-paṇḍitā pi brāhmaṇa-paṇḍitā pi gahapati-paṇḍitā pi tathāgate abhippasannā te tathāgatassa sarīrapūjaṃ karissantīti// (*DN* ii. 141.18-25)。中村元［1980］、佐々木［2003］、鈴木［2005］参照。

〔仏弟子アーナンダ〕「尊いお方よ、私たちは如来の遺体をどのようにしたらよろしいでしょうか」

〔入滅間近の釈尊〕「アーナンダよ、そなたたちは如来の遺体供養に関わるな。アーナンダよ、そなたたちはどうか自身の目的（利益）のために励んでもらいたい。自身の目的に専心すればよいのだ。自身の目的に勤め励み、専念しなさい。アーナンダよ、如来を信仰するクシャトリヤの中の賢者たち、バラモンの中の賢者たち、資産家の中の賢者たち、彼らが如来の遺体供養をなすであろう」

（12）kassa brāhmaṇa tvaṃ bhīto sadā udakam otari/ vedhamānehi gattehi sītaṃ vedayase bhusaṃ//

jānantī ca tuvaṃ bhoti puṇṇike paripucchasi/ karontaṃ kusalaṃ kammaṃ rudhantaṃ kamma pāpakaṃ// yo ca vuḍḍho vā daharo vā pāpakammaṃ pakubbati/ udakābhisecanā so pi pāpakammā pamuccati//

ko nu te idam akkhāsi ajānantassa ajānako/ udakābhisecanā nāma pāpakammā pamuccati//

saggaṃ nūna gamissanti sabbe maṇḍūkakacchapā/ nāgā ca suṃsumārā ca ye c' aññe udakecarā// . . . sace imī nadiyo te pāpaṃ pubbekataṃ vaheyyuṃ/ puññaṃ pimā vaheyyuṃ (*TherīG* 237-243)。中村［1982］、鈴木［2005］参照。

〔仏弟子プンニカー〕「バラモンよ、あなたは何を恐れて常に水に入っているのですか。あなたは手足を震わせながらひどい寒さを感じています」

〔沐浴行をなすバラモン〕「プンニカーよ、私が善業を行い悪業を防いでいることを知りながらわざわざ尋ねるのか。老若〔男女〕を問わず、悪業を行ったとしても、沐浴をすればその悪業から逃れることができるのだ」

〔プンニカー〕「一体どこの愚か者が、愚か者〔のあなた〕に向かって〝沐浴をすれば悪業から逃れることができる〟などと言ったのですか。〔もし本当にそうであるならば〕蛙や、亀や、竜や、蛇や、その他あらゆる水棲生物もすべて天界におもむくことになりましょう。（中略）また、もし河川があなたのなした悪業を運び去ってくれるなら、同時に善業をも運び去ってしまうではありませんか」

（13）*Siṅgālovādasuttanta*（*DN* iii. 180.1-199.13）。『仏説尸迦羅越六方礼経』（大正蔵No. 16, 250c12-252b2）。

（14）ひろ［1987］は筆者と同様の理解を示す。

（15）防護呪パリッタ **paritta**（サンスクリット語では **paritrāṇa**）については、奈良［1979］を参考にした。また、それが伝説の域を出ないとはいえ、パリッタ儀礼が釈尊の時代から続いているものであることは、南伝仏教徒たちには当然のこととして受け止められている（片山［1979］参照）。

（16）長澤［2012］は、『お葬式をどうするか—日本人の宗教と習俗』（ひろさちや著、二〇〇〇年、ＰＨＰ研究所）や『葬式は、要らない』（島田裕巳著、二〇一〇年、幻冬舎）などの多くの著述が、『涅槃経』の記述に基づいて「本来仏教は葬式をするものではない」と主張しているという。

（17）シャリーラ（舎利）は単数形では遺体を、複数形では遺骨を意味するのが通例である。

（18）「世尊」とは、如来（タターガタ **tathāgata**。真理の世界に到達した者、あるいは、真理の世界から〈衆生救済のために〉戻って来た者）の十種の別名である「如来の十号」の一つで、仏弟子が釈尊（あるいは他のブッダ）に呼びかける際の最も一般的な呼び名でもあった。

「如来の十号」とは、応供（**arhat** 尊敬・供養に値する聖者）、正遍知（**samyaksambuddha** 正しく完全に覚った者）、明行足（**vidyācaraṇasampanna** 智と行とを兼ね備えた者）、善逝（**sugata** 善く真理に到達した者）、世間解（**lokavid** 世間をよく知っている者）、無上士（anuttara　最高者）、調御丈夫（puruṣadamyasārathi　人を調教する御者）、天人師（śāstā devānāṃ ca manuṣyāṇāṃ ca　神々と人間たちの師）、仏（buddha　仏陀）、世尊（bhagavat　幸運を持つ者）である。なお、世尊（バガヴァット　bhagavat）の音写語の一つが「薄伽梵（ばがぼん、ばぎゃぼん）」である。

（19）kathaṃ mayaṃ bhante tathāgatassa sarīre paṭipajjāmāti//

avyāvaṭā tumhe ānanda hotha tathāgatassa sarīrapūjāya/ iṅgha tumhe ānanda sadatthe ghaṭatha/ sadattham anuyuñjatha/ sadatthe appamattā ātāpino pahitattā viharatha// sant' ānanda khattiya-paṇḍitā pi brāhmaṇa-paṇḍitā pi gahapati-paṇḍitā pi tathāgate abhippasannā/ te tathāgatassa sarīrapūjaṃ karissantīti//

kathaṃ pana bhante tathāgatassa sarIre paṭipajjitabban 'ti//

yathā kho ānanda rañño cakkavattissa sarīre paṭipajjanti/ evaṃ tathāgatassa sarīre paṭipajjitabban 'ti//

kathaṃ pana bhante rañño cakkavattissa sarīre paṭipajjantīti//

rañño ānanda cakkavattissa sarīraṃ ahatena vatthena veṭhenti// ahatena vatthena veṭhetvā vihatena kappāsena veṭhenti/ vihatena kappāsena veṭhetvā ahatena vatthena veṭhenti// etena upāyena pañcahi yugasatehi rañño cakkavattissa sarīraṃ veṭhetvā ayasāya teladoṇiyā pakkhipitvā aññissā ayasāya doṇiyā paṭikujjetvā sabbagandhānaṃ citakaṃ karitvā rañño cakkavattissa sarīraṃ jhāpenti/ cātummahāpathe rañño cakkavattissa thūpaṃ karonti//

evaṃ kho ānanda rañño cakkavattissa sarīre paṭipajjanti//

yathā kho ānanda rañño cakkavattissa sarīre paṭipajjanti evaṃ tathāgatassa sarīre paṭipajjitabbaṃ// cātummahāpathe tathāgatassa thūpo kātabbo// tattha ye mālaṃ vā gandhaṃ vā vaṇṇakaṃ vā āropessanti abhivādessanti vā/ cittaṃ vā pasādessanti/ tesaṃ taṃ bhavissati dīgharattaṃ hitāya sukhāya// . . .

tathāgato arahaṃ sammāsambuddho thūpāraho/ . . . katamañ cānanda atthavasaṃ paṭicca tathāgato arahaṃ sammāsambuddho thūpāraho// ayaṃ tassa bhagavato arahato sammāsambuddhassa thūpo ti ānanda bahujano cittaṃ pasādeti/ te tattha cittaṃ pasādetvā kāyassa bhedā param maraṇā sugatiṃ saggaṃ lokaṃ uppajjanti// idaṃ kho ānanda atthavasaṃ paṭicca tathāgato arahaṃ sammāsambuddho thūpāraho//（*DN* ii. 141.18-142.24）

読者が文脈を把握しづらくなるのではないかとの危惧から、文章を二箇所省略した。それらの原文と和訳は次の通りである。

cattāro 'me ānanda thūpārahā// katame cattāro//（*DN* ii. 142.14）

アーナンダよ、これら四つの者はストゥーパを建立されるに相応しい。四つの者とはな

にかといえば、

paccekabuddho thūpāraho/ tathāgatasāvako thūpāraho/ rājā cakkavattī thūpāraho// (*DN* ii. 142.15-16)

独覚はストゥーパを建立されるに相応しい。如来の〔阿羅漢果を得た〕声聞（仏弟子）はストゥーパを建立されるに相応しい。転輪聖王はストゥーパを建立されるに相応しい。

(20) **Schopen**［1991］は、「シャリーラプージャー」とは厳密には、(1)の遺体の装飾と納棺のみだとする。(1)(2)(3)における手続きの説明の詳細さを考慮するとき、その判断に筆者も基本的には同意するものである。ただ、それと同時に、文脈全体を考慮するとき、(1)(2)(3)という一連の遺体処置手続き全体をシャリーラプージャーと理解しても構わないとも筆者は考えている。

(21) 実際、アーナンダは後に、シャリーラプージャーの方法を在家者に伝えている（*DN* ii. 161.8-30）。

(22) サンスクリット語の原綴りは **pūjā**。

(23) **Schopen**［1991］、ショペン［2000］。

(24) 当該箇所のパーリ語原文と和訳は次のとおりである。訳出に際しては、中村［1980］も参考にした。出家者たちが世尊の遺体を礼拝する様がよく描かれており、「出家者は遺体の供養をしないのだ」という説が誤りであることが、この箇所からも確認できる。

tena kho pana samayena cattāro mallapāmokkhā sīsaṃ nahātā ahatāni vatthāni nivatthā/ mayaṃ bhagavato citakaṃ ālimpessāmāti/ na sakkonti ālimpetuṃ//

atha kho kosinārakā mallā āyasmantaṃ anuruddhaṃ etad avocuṃ// ko nu kho bhante anuruddha hetu ko paccayo yena 'me cattāro mallapāmokkhā sīsaṃ nahātā ahatāni vatthani nivatthā/ mayaṃ bhagavato citakaṃ ālimpessāmāti/ na sakkonti ālimpetun ti//

aññathā kho vāseṭṭhā devatānaṃ adhippāyo ti//

kathaṃ pana bhante devatānaṃ adhippāyo ti//

devatānaṃ kho vāseṭṭhā adhippāyo/ ayaṃ āyasmā mahākassapo pāvāya kusinārāṃ addhānamaggapaṭipanno mahatā bhikkhusaṃghena saddhiṃ pañcamattehi bhikkhusatehi/ na tāva bhagavato citako pajjalissati yāv' āyasmā mahākassapo bhagavato pāde sirasā na vandissatīti//

yathā bhante devatānaṃ adhippāyo tathā hotūti//

atha kho āyasmā mahākassapo yena kusinārā makuṭabandhanaṃ mallānaṃ cetiyaṃ yena bhagavato citako ten' upasaṃkami/ upasaṃkamitvā ekaṃsaṃ cīvaraṃ katvā añjaliṃ paṇāmetvā tikkhattuṃ citakaṃ padakkhiṇaṃ katvā/ pādato vivaritvā bhagavato pāde sirasā vandi//

tāni pi kho pañca bhikkhusatāni ekaṃsaṃ cīvaraṃ katvā añjalim paṇāmetvā tikkhatuṃ citakaṃ padakkhiṇaṃ katvā bhagavato pāde sirasā vandiṃsu// vandite ca pan' āyasmatā mahākassapena tehi ca pañcahi bhikkhusatehi/ sayam eva bhagavato citako pajjali// (*DN* ii. 163.6-164.3)

さてそのとき、〔クシナガラの住人である〕マッラ族の四人の首長は、頭を洗い、新浄衣を着て、〝われわれは世尊を荼毘に付すために積み上げられた薪に火をつけよう〟と思ったが、〔どうしても〕火をつけることができなかった。

そこで、クシナガラの住人であるマッラ族の人々は、尊者阿那律（アヌルッダ）に質問した。「阿那律さま、これらマッラ族の四人の首長は、頭を洗い、新浄衣を着て、〝われわれは世尊を荼毘に付すために積み上げられた薪に火をつけよう〟と思ったのですが、火をつけることができませんでした。これはどういう原因、どういうわけがあってのことなのでしょうか」

〔阿那律〕「〔マッラ族のバラモンである〕ヴァーシシュタたちよ、それは精霊たちの意向に反しているからです」

〔ヴァーシシュタたち〕「尊いお方よ、では、精霊たちの意向とはどのようなものなのでしょうか」

〔阿那律〕「ヴァーシシュタたちよ、精霊たちの意向とは、〝かの尊者摩訶迦葉《まかかしょう》（マハーカーシャパ）が、千五百人ほどの比丘衆とともに、パーヴァーからクシナガラへと向う途上にある。尊者摩訶迦葉が世尊の両足に頭をつけて（頭面接足《ずめんせっそく》して）礼拝しないうちは、世尊を茶毘に付すための薪が燃えることはないであろう〟というものです」
〔ヴァーシシュタたち〕「尊いお方よ、精霊たちの意向通りになりますように」

さてそのとき、尊者摩訶迦葉は、クシナガラの〔東郊外にある〕マッラ族の祠堂であるマクタバンダナ（天冠寺）にある、世尊を茶毘に付すための薪のあるところに近づいていった。近づいてから、〔衣の右肩を肌脱ぎ〕衣を〔もう〕一方の〔左〕側にかけて（偏袒《へんだん》右肩《うけん》して）、合掌し、茶毘に付すための薪を右回りに三度廻り（右遶三匝《うにょうさんそう》し）、〔世尊の〕足から覆いを取り去り、世尊の両足に頭をつけて礼拝した。

さらに、千五百人の比丘衆たちも、偏袒右肩し、合掌し、茶毘に付すための薪を右遶三匝し、世尊の両足に頭をつけて礼拝した。

こうして尊者摩訶迦葉と千五百人の比丘衆とが礼拝しおわったとき、世尊を茶毘に付すための薪は自然に燃え上がったのであった。

（25）遺骨を表す原語「ダートゥ dhātu」は、他にも「本質」の意味を併せ持つ。まだ解脱を得ていない凡夫の本質（＝遺骨）は清浄になりきっていないため、茶毘に付して後に遺骨を聖なる河に流して水葬し、浄化の手助けをしなくてはならない。これは、「インド独立の父」と称えられるM・K・ガーンディー（マハートマー・ガーンディー）においても例外ではない。

一方、すでに菩提を得、生死輪廻の塵垢より解脱した釈尊にあっては、その本質はすでに浄化されきっており完全に清浄であると考えられたため、釈尊の遺骨（＝本質）は水葬されることなく、この世に留まることが可能となる。先の引用文中に、如来に加え、独覚、阿羅漢果を証した仏弟子、転輪聖王もストゥーパが建立されるに相応しいとされているのも、彼らが如来と同様に、すでに解脱の境地に達したことによる。本章注（19）。釈尊の遺骨を納めた仏塔（ストゥーパ　**stūpa**）は、釈尊の本質を有するものとして、生きている釈尊そのものと見なされたことについては、先行研究（**Bareau**［1962］、下田［1997］）が示す通りである。一時期日本の仏教学界において、「大乗仏教は仏塔に集う在家者を起源として誕生した」という説が唱えられていたが、今日、その説をそのまま承認している研究者は少ない。

なお、村井幸三氏はその著作の中で、釈尊が「自分の遺骨をガンジス河に流せ」と遺言したと主張しているが（ただし筆者未見。長澤［2012］参照）、その主張はインド文化の文脈を逸脱している。

(26) **Schopen** [1997] が明瞭に示している。なおショペン [2000] によれば、葬儀に参加し、サンガ全体で行う『無常三啓経』の読誦や廟の礼拝に参加することなどを通して、出家者は亡くなった同僚の遺産分与にあずかることを主張できるという。

(27) インドにおける出家者と在家者との関係については、佐々木 [1999] や、ショペン [2000] が詳しく、また、入手も容易である。

(28) もちろん、僧侶が修行を怠り、色町で酒食に明け暮れ、高級車を乗り回す（いかにもステレオタイプ的な言い回しだが）などは言語道断の所業である。

(29) 仏教徒の生活文化や、古代インド社会及び現代南アジア社会における仏教徒カーストに関しては、主として奈良 [1979, 1985, 1988, 1993] を参考にした。

(30) 「カーストはバラモン（司祭階級）、クシャトリヤ（武人階級）、ヴァイシャ（商人階級）、シュードラ（肉体労働者階級）の四つ」とする解説もいまだに世にあるが、これら四つはカースト（ジャーティ **jāti**　生まれ）形成の理念的背景の一つとなったヴァルナ（**varṇa** 種姓）であり、カーストそのものではない。詳しくは、筆者が二〇一〇年に北海道大学スラブ研究センターで行った報告「内なるボーダーと外なるボーダー：なぜインドからカーストがなくならないのか」を参照されたい。

(http://borderstudies.jp/essays/live/pdf/Borderlive4_2.pdf　一〇三頁以降)

（31）下田［2013］は、海外の研究成果に依拠しつつ、「僧院・仏塔が、都市の城壁の外の城門付近にあり、埋葬場と地理的に密接な関係にあること」や、「バラモンによる葬送執行の忌避」などの理由により、「葬送に仏教が関わっていたことは疑いえない」と想定する。しかし、僧院・仏塔が都市の城壁の外の城門付近にあることは、「修行の場所・福田の場所として、都市から近すぎず遠すぎず」という一般理解があることから説明できるし（鈴木［2013a］）、また、埋葬場と近いことも、遺棄された遺体と向かい合うことで、肉体の不浄や無常を覚り、色《しき》（物質）への執著を断つための修行をするのに都合がよかったからと考えた方が無理がない（鈴木［2013c］）。

　加えて、後期密教を除けば（種村［2004］）、古代のインド仏教において出家者が在家者に対して葬送儀礼を執行していた証左は、文献・考古資料どちらにも見出されておらず、さらに、バラモンたちが在家者のための葬送儀礼を司っていたことも明らかとなっている（松尾瑞穂［2011］）。なによりも、インドにおいて通過儀礼を完備した社会集団はカーストを形成してしまうが、それは出家教団を中心とする主流派（Mainstream Buddhism）のありかたと相容れないし、また、イスラーム勢力のインドへの軍事侵入によって、仏教のみならずヒンドゥー教やジャイナ教も大打撃を受けたにもかかわらず、なぜ仏教だけが滅びてしまったのかも説明が困難になる（本書第３章）。

以上のような観点から、下田［2013］の想定には筆者としては賛同しがたいといわざるをえない。もちろん、その想定が「出家者たちが、同僚の死に際して葬儀を行い、近くに埋葬していた」ということなのであれば、筆者には何ら異論はない。

第2章　葬式仏教を解く鍵は『金光明経』にある

（1）na jaccā vasalo hoti na jaccā hoti brāhmaṇo/ kammanā vasalo hoti kammanā hoti brāhmaṇo// (*Sn* 136, 142)。中村［1984］参照。

（2）sabbapāpassa akaraṇaṃ kusalassa upasampadā/ sacittapariyodapanaṃ etaṃ buddhāna sāsanaṃ// (*Dhp* 183)。中村［1978］参照。

（3）マハールカースト（不可触民カーストの一つ）所属の人々約五十万人が、同カースト所属のアンベードカル（一八九一―一九五六）に率いられて仏教に集団改宗を行った「ネオブッディズム運動」が代表例である。

（4）仏教に集団改宗することで、不可触民カーストからの離脱を願った新仏教徒（ネオブッディスト）たちであったが、彼らは出家せずにインド社会に留まり続けたため、実際には「新仏教徒」という新たな不可触民カーストが誕生したに過ぎなかった。

（5）バラモンが在家者に対して執り行う葬送儀礼については、松尾瑞穂［2011］に詳しい。

（6）七仏通戒偈。本章41頁を参照。

（7）na hi verena verāni sammant' idha kudācana/ averena ca sammanti esa dhammo sanantano// (*Dhp* 5)。「実にこの世においてもろもろの怨みは、怨み返しているうちは決して鎮まることがない。〔一方的に〕怨みを捨ててこそはじめて鎮まるのである。これは永遠の真理である」

日本と連合国との間の戦争状態を終結させ、日本の国際社会復帰を認める「日本国との平和条約 Treaty of Peace with Japan」（俗にいう「サンフランシスコ講和条約」）締結に際し、一九五一年九月六日にスリランカの政府代表団長のジャヤワルデネ氏が同会議において、この『ダンマパダ』第5偈を引きながら、日本に対する賠償権の放棄を表明したことは有名である。

（8）下田［1997］参照。

（9）サンスクリット語の原綴りはmleccha。

（10）「仏塔崇拝は無意味だ」の一方で、仏塔崇拝を大いに勧める記述もある。

（11）初期仏典である『小空経』等の教説もある。

（12）『法華経』であれば「一乗」「久遠実成の釈尊」、『涅槃経』であれば「如来蔵・仏性」、『無量寿経』であれば「弥陀の誓願」「極楽往生」など、「その経典ならではのオリジナルな思想、主張」が存在することが多い。そして研究者の興味は概して、「どれがオリジナルか」という「起源の探求」に向かうことが多い。

(13)呪句・陀羅尼が頻出。

(14)護摩（ホーマ homa）儀礼や沐浴浄化儀礼など。

(15)王論を説くなど、権力への接近志向が顕著。

(16)他にも、一九四〇年代にドイツのJ・ノーベルによって『金光明経』のテクスト研究がほぼ完成された（と見なされた）ことや、現在『金光明経』が、どの宗派の所依の経典にもなっていないことなども、『金光明経』に対する近代仏教学的研究に大きな進展が見られない理由として挙げられる。

(17)サンガの分裂（破僧）の仕方が「教義の違いによる分裂 cakrabheda（チャクラベーダ）」から「サンガで行う共同行事の違いによる分裂 karmabheda（カルマベーダ）」へと移行していった過程については、佐々木［2000］に詳しい。

(18)ショペンによる一連の研究を参照されたい。

(19)そもそも律に定められている様々な生活規定は、インドをはじめとする南アジア・東南アジア地域（熱帯モンスーン地域）での生活を前提としている。そのため、自然環境の大きく異なる東アジアや東北アジアに伝播する過程で、律の条項を全て遵守することは到底不可能となったのであり、東アジアや東北アジアの仏教徒が放逸な破戒者であったことを意味するものではない。

（20）Sarasvatī（サラスヴァティー）。

（21）Suzuki［2004］をはじめとする諸研究により、『金光明経』は僧院に居住する出家者によって受持や説示がなされていることが確認されている。

（22）mantrauṣadhisaṃyuktaṃ snānakarma bhāṣiṣyāmi/ tasya dharmabhāṇakasya bhikṣos teṣāṃ ca dharmaśravaṇikānāṃ sattvānāṃ arthāya/ sarvagraha-nakṣatra-janma-maraṇa-pīḍā kali-kalaha-kaluṣa-ḍimba-ḍāmara-duḥsvapna-vināyaka-pīḍāḥ sarva-kākhorda-vetāḍāḥ praśamaṃ yāsyanti// auṣadayo mantrā yena snāpayanti ca paṇḍitāḥ// (*Suv* 104.1-5)。Suzuki［2004］参照。

（23）ajānaka（アジャーナカ）。

（24）paṇḍita（パンディタ）。

（25）多聞天（＝毘沙門天）Vaiśravaṇa（ヴァイシュラヴァナ）、持国天Dhṛtarāśtra（ドリタラーシュトラ）、増長天Virūḍhaka（ヴィルーダカ）、広目天Virūpākṣa（ヴィルーパークシャ）。

（26）コーティ（koṭi）、ニユタ（niyuta）。あるいはナユタnayuta）ともに大きな数の単位。コーティは本来「千万」だが、漢訳の際には「億」とされる場合も少なくない。ニユタは「百万」。

（27）yāvanti bhadanta bhagavan brahmendreṇa laukikalokottarāṇi ca nānāvidhāni śāstrāṇy upadarśitāni/ yāvanti ca śakreṇa devendreṇa nānāvidhāny śāstrāṇy upadarśitāni/ yāvanti ca nānāvidhāni nānāvidhaiḥ pañcābhijñair ṛṣibhir laukikalokottarāṇi ca sattvānām arthāya śāstrāṇy upadarśitāni/ [agrataraś ca viśiṣṭataraś cāyaṃ suvarṇabhāsottamaḥ sūtrendrarājaḥ/] bhadanta bhagavaṃs tebhyo brahmendraśatasahasrebhyo 'nekebhyaś ca śakrakoṭiniyutaśatasahasrebhyaḥ sarvebhyaś ca pañcābhijñebhya ṛṣikoṭiniyutaśatasahasrebhyas tathāgato 'grataraś ca viśiṣṭataraś cemaṃ suvarṇabhāsottamaṃ sūtrendrarājānaṃ vistareṇa sattvānām arthāya saṃprakāśayati/（*Suv* 95.10-96.1）。Suzuki［2005］参照。

（28）yāni sarvajambudvīpagatāni laukikalokottarāṇi rājakāryāṇi rājaśāstrāṇi rājakaraṇāni niryātāni/ yair ime sattvā sukhitāni bhaviṣyanti/ tāni sarvāṇi bhagavatā tathāgatenārhatā samyaksaṃbuddheneha suvarṇabhāsottame suutrendrarāja upadarśitāni paridīpitāni saṃprakāśitāni/ (*Suv* 97.10-98.1)。Suzuki［2005］参照。

（29）Śrī（シュリー）。吉祥天の原語には、他にも Lakṣmī（ラクシュミー）等がある。

（30）yaḥ kaścit puruṣo dhānyarāśiṃ vivardhayitukāmo bhavet/ tena svagṛhaṃ suśodhayitavyaṃ susnātavyaṃ śuciśvetavastraprāvṛtena sugandhavasanadhāriṇā bhavitavyam/ namas tasya bhagavato ratnakusumaguṇasāgaravaiḍūryakanakagirisuvarṇakāñcanaprabhāsaśriy as tathāgatasyārhataḥ samyaksaṃbuddhasya triṣkṛtvā nāmadheyam uccārayitavyam/ śriyā mahādevyā hastena tasya tathāgatasya pūjā kartavyā/ puṣpadhūpagandhāś ca dātavyāḥ/ nānārasavihārāś ca nikṣeptavyāḥ/ suvarṇabhāsottamasya sūtrendrarājasya triṣkṛtvā nāmadheyaṃ ucārayitavyaṃ/ satyavacanaṃ ca vaktavyam/ śriyā mahādevyāś ca pūjā kartavyā/ puṣpadhūpāś ca dātavyāḥ/ nānārasavihārāś ca nikṣeptavyāḥ/ （*Suv* 116.3-12）。Suzuki［2006］参照。

（31）iyaṃ me vidyā samṛdhyatu/ syād yathedam/ pratipūrṇapāre/ samantadarśane/ mahāvihāragati/ samantavedanagate/ mahākāryapratiprāpaṇe/ sattva-arthasamantānuprapure/ āyānadharmatā mahābhogine/ mahāmaitri-upasaṃhite/ hitaiṣi/ saṃgrihiite/ (te-)samarthānupālani// (*Suv* 117.6-10）。Suzuki［2006］参照。

（32）『法華経（*Saddharmapuṇḍarīka*）』「陀羅尼品（*Dhāraṇī-parivarta*）」にも呪句（いわゆる「五番神呪」）が説かれているが（*SP* 395-403）、それらは『法華経』弘通のため、経典の受持者・説法者を守護するためのものであり、世間的利益を目指したものではない。

（33）tadgṛhaṃ saṃcaukṣaṃ kṛtvā vihāraṃ vā araṇyāyatanaṃ vā gomayamaṇḍalaṃ kṛtvā gandhapuṣpadhūpaṃ ca dātavyam/ caukṣam āsanaṃ prajñāpayitavyam/ puṣpāvakīrṇaṃ tu gamitavyam/ tatas tatkṣaṇaṃ śrīr mahādevī praviśitvā tatra sthāsyati/ tadupādāya tatra gṛhe vā grāme vā nagare vā nigame vā vihāre vā araṇyāyatane vā na jātu kenacid vaikalyaṃ kariṣyati/ hiraṇyena vā suvarṇena vā ratnena vā dhanena vā dhānyena vā sarvopakaraṇasamṛddhāni sarvasukhopadhānena sukhitāni bhaviṣyanti/ (*Suv* 118.4-119.4)。Suzuki［2006］参照。

（34）Dṛḍhā（ドゥリダー）。

（35）呪文を唱える人が必ずしも仏教徒とは限らないことを示唆する文言がある。Suzuki［2007］参照。

（36）Saṃjñāya（サンジュニャーヤ）。

（37）*Suv* 84.13-85.7; 91.15-92.4。Suzuki［2008］参照。

（38）「四天王品」には、『金光明経』が説示されない場所に訪れる厄災についても言及されており（*Suv* 92.14-94.12）、後続する四品において『金光明経』の護持が強調されるに際しての、暗黙の前提となっていると考えられる。Suzuki［2008］参照。

（39）サンジュニャーヤは「正了知」とも漢訳されている。Suzuki［2008］参照。

（40）*Suv* 128.4-5他。Suzuki［2008］参照。

（41）*Suv* 66.1-2他。Suzuki［2008］参照。

（42）王の何たるかを説く「王法正論品（*Devendrasamaya-parivarta*）」が〈五品〉に後続しており、このことからも、『金光明経』編纂者の、王族・為政者に対する配慮・気遣いが窺える。Suzuki［2008］参照。

（43）Suzuki［2008］以降も、Suzuki［2009, 2010, 2011, 2012, 2013］を通して〈仮説〉の検証を続けている。

第３章　インド仏教滅亡の要因が葬式にあるわけ

（1）第1章の注（31）で述べたように、インドでも後期密教になると、在家者に対して出家者が葬儀を執行していたことが文献上確認されている。彼らは何らかの凝集力のあるコミュニティ、すなわち「仏教徒カースト」を形成していた可能性が高いのではないかと筆者は考えている。次注で述べる、カーストを形成したアラカン山脈地方の仏教も、密教色の濃いものである。

（2）ただし、全てのインド仏教が滅びてしまったわけではない。奈良［1979］がいうように、たしかに僧院を中心とした出家教団（Mainstream Buddhism）は滅んだが、小さなコミュニティを中心とした仏教は、インドのアラカン山脈地方を中心に依然として存続していた。彼らが「仏教徒カースト」を形成していたことは特筆されてよい。また、現在ネパールにも仏教徒は存在するが、やはり彼らも「仏教徒カースト」を形成している（田中・吉崎［1998］）。インドもネパールも、ともにカースト社会である。カースト社会において仏教が生き残る方法は、現在まで確認される限り、「行為主義」という大前提を捨てて、「血統主義」であるカーストを受け容れる以外になかったのである。

（3）「不染世間法《ふぜんせけんぼう》、如蓮華在水《にょれんげざいすい》」（『妙法蓮華経』、大正蔵No. 262, 42a5-6）。サンスクリット原典では、「紅蓮が水に〔染まることが〕ないように、彼ら〔菩薩たち〕もまた汚れを持たず **anūpaliptāḥ padumaṃ va vāriṇā**（*SP* 313.3）」とある。

『法華経』の原タイトルである「サッダルマプンダリーカ」は、「白蓮のような正しい教え」あるいは「正しい者たちの白蓮のような教え」と解釈される。このことから、『法華経』の原タイトルに関して、「諸々の蓮華の中で白蓮が最勝であるため、タイトルに白蓮とつけることで、『法華経』が最勝の経典であることを示そうとしたのだ」という解釈もされてきたようである。しかし、この箇所からも分かるように『法華経』自身、菩薩の清浄さを表現しようとするときに紅蓮（パドマ）を用いており、他の蓮華に比べてことさら白蓮を称揚するような姿勢は、経典中に一切表明されていない。

では、なぜ原タイトルに「プンダリーカ（白蓮）」が用いられたのかといえば、「サッダルマプンダリーカ」は、後分の「プンダリーカ」が前分の「サッダルマ」を修飾する同格限定複合語（**Karmadhāraya**　カルマダーラヤ）であり、もし「サッダルマパドマ」とすると「頭でっかち」の語になってしまうため、パドマより長いプンダリーカを用いてバランスを取った、ということに過ぎないのではないかと筆者は考えている。

漢訳に際しても、三世紀の竺法護は『正法華経』、五世紀の鳩摩羅什は『妙法蓮華経』と、どちらも「白」を一切訳出していない。

そもそも、色によって勝劣を決定しようとする態度は、差別主義・血統主義にも繋がりうるであろう。仏教が断固拒否したカースト制度の理論的背景の一つとなったものが、ほかならぬヴァルナ制（肌の色の違いによる上下・貴賤の差別）であった。したがって、「白い蓮華は蓮華の中で最勝だ」という発想自体、行為主義に立つ仏教とは、決して相容れないものであることを改めて確認しておきたい。
（4）日本人の他界観については、主にひろ［2000］、井沢［2002］、松尾剛次［2011］を参考にした。
（5）死穢は伝染するとされ、もし死穢に触れた人間と接触すると、その人も全く同じ程度の穢れを受けてしまう。完全な死体からの死穢は三十日間継続する（不完全な死体からの死穢はそれより短い）ので、死穢に触れた者はその伝染拡大を防ぐため、死穢が消えるまでの期間、誰とも会うことなく慎んでいることが必要であった。
（6）保元の乱を起こした大罪人として、讃岐の白峯に流罪となった。謝罪の意味で写経したが、朝廷はそれを受け取らず突き返してしまう。すると上皇は舌の先を噛み切って血を出し、その血でお経に呪いの文句を書きつけた。
その後、髪も爪も切らず、鬼の行相をした恨みの塊と化し、ついには「これまで王といえば天皇家のことであったが、これからは天皇以外の者がこの国の王となり、天皇・朝廷が没落するよう、俺が呪いをかけてやる」という趣旨の呪いの言葉を吐いて死んだという。崇徳上皇の没後数十年にして平氏の政権ができ、それ以降、明治時代まで武士の政権が続くことになる。

明治期以前の朝廷側の人間は、朝廷が政権を失って武家に取られたのは崇徳上皇の祟りだと信じていたため、明治という元号を立てて王政復古の大号令（一八六八・慶応三年）をかける直前に、勅使を讃岐に派遣して崇徳上皇の霊に謝罪した。そして崇徳上皇の霊を輿に載せ、京都まで連れ帰り、その直後に明治天皇が即位して明治と改元し、上皇の霊を白峯神宮に祀ったのである。

（7）日本の平安時代の学者、漢詩人、政治家。特に漢詩に優れた。三十三歳のときに文章博士に任じられる。宇多天皇に重用され右大臣にまで昇った。しかし、左大臣藤原時平に讒《ざん》訴《そ》され、大宰府へ権帥として左遷されそこで恨み死ぬ。京の都を去る際に詠んだ「東風《こち》吹かば　匂ひをこせよ　梅の花　主なしとて　春な忘れそ」は有名である。

その後、天皇が病気になったり、宮中に落雷したりと、朝廷に様々な祟りをなしたため、その祟りを鎮めようとして、神（天神）として祀る。すると浄化され、ついには学問の神となった。

（8）自分たちの村を襲おうとするナゴに弓を引き、「死穢・祟りに感染」してしまったところから、主人公アシタカの旅は始まる。

（9）きちんと葬られなかった魂は、一定期間が過ぎると虚《ホロウ》と呼ばれる悪霊となり、現世に禍をもたらすようになる。魂をきちんと葬る（魂葬《こんそう》という浄化儀礼を行う）のが、本作品に登場する死神の役割である。ちなみに**bleach**とは「漂白、漂白剤、漂白する」の意味を持つ英単語である。

（10）本書第1章注（1）参照。

（11）木村［1979］によれば、仏教の中国への導入に際しては、最初は抵抗や反感もあったが、仏教者の努力によって次第に定着していき、特に、インド語と中国語の両方に通じていた鳩摩羅什の登場の影響が大きかったという。

（12）厩戸皇子と聖徳太子の同一性はおろか、現在では聖徳太子の実在性そのものが疑問視されている。

（13）国家仏教に携わる僧侶は「官僚層、官僧」と呼ばれ、鎮護国家の祈禱や天皇の葬儀の執行等をもって朝廷に奉仕した。もっとも、いかに天皇とはいえその魂には死穢が付着しているため、葬儀に従事した官僧はその穢れが払われるまでの一定期間、朝廷への出仕が禁止された。朝廷に死穢が伝染することを防止するためである。日本における仏教式の葬送史については、松尾剛次［2011］を参考にした。

（14）最澄、空海ともに官僧ではあったが、その思想や活動は単に鎮護国家・国体護持にとどまることなく、衆生教化《しゅじょうきょうけ》という方向性へと発展しうるものであった。また、彼らの流れを汲む、法然、親鸞、栄西、道元、日蓮、一遍、叡尊《えいぞん》、忍性《にんしょう》などの多くの遁世僧《とんせいそう》（第4章注（1）参照）を鎌倉時代に輩出したことも両者の特筆すべき点である。松尾剛次［2011］参照。

第4章　葬式仏教は釈尊の教えである

（1）第3章の注（13）で見たように、宮中での祈禱・祈願に出仕するため官僧には穢れ（その最大のものは死穢）を回避する義務があった。そのため、官僧が葬儀を執行するのは天皇などごく一部の特権階級に限られており、しかも葬儀に出仕した僧侶は、死穢が宮中に伝染するのを防止するために、一定期間、謹慎状態を続けなければならなかった。鎮護国家・国体護持に奉仕することを存在理由の第一とする官僧にとって、本来の「業務」に支障を来す葬儀への従事は、天皇など特別の例を除き、可能な限り避けなければならなかったのである。延暦寺や東大寺など官僧の伝統を引く寺院で、長きにわたって葬儀を行わなかったのもそのためである。庶民は身内に死者が出てもそれをきちんと葬ることができず、やむを得ず河原等に遺棄せざるをえなかった。

ところが、古代末から中世にかけて、官僧としての身分を離れ、本来の仏道修行そのものに励む僧侶が登場してくるようになった。彼らは遁世僧《とんせいそう》と呼ばれた。インドにおいては、そもそも比丘・比丘尼は全員が世捨人（遁世者）であったのに対し、日本においては官僚としての僧侶がはじめにあって、本来の姿である遁世僧は後代になって出現したことになる。鎌倉新仏教の担い手である法然、親鸞、栄西、道元、日蓮、一遍や、旧仏教の改革派である叡尊、忍性らは、皆が遁世僧であった。彼ら遁世僧は、「慈悲」や「戒律護持」や「往生決定」などが死穢を防ぐバリアになるという論理を編み出し、日本人の願いに応えて庶民の葬送に積極的に関与するようになった。十四世紀になると、天皇の葬儀も彼ら遁世僧が行うようになったことが確認されている。松尾剛次［2011］参照。

（2）本当はきちんと葬式を出してあげたいのに、僧侶は死穢を畏れて近づいてくれないため、身内の遺体を遺棄せざるをえないことを嘆くというエピソードが、多くの史料の中に確認されている。松尾剛次［2011］参照。また、日本人が身内の葬式をきちんとしたいという思いを強く持っていることは、先の東日本大震災の折に、誰もが改めて痛感させられたところであろう。

（3）仏教式葬儀が日本に根付くに際し、僧侶の側から積極的に「そら、お葬式をやってあげるよ」と売り込んだのではなく、僧侶に葬儀を執行してもらうことを日本人が強く願ったという事実に留意されたい。

（4）日本古来の宗教である神道には死穢を防御する論理がなかったため、神に仕える神官たちは、葬儀に関与することができなかったという側面もある。

（5）ただし筆者は、江戸時代の寺請制度・寺檀制度がもたらしたマイナス面を無視するものでは決してない。もちろん、寺院と檀家の関係は、これらの制度が導入される以前から、自然発生的に存在していたものである。しかし江戸幕府は、キリスト教や不受不施派等の弾圧のために法令をもって制度化し、檀家と檀那寺の関係を変更不可能なものへと変えたのである。

制度が導入される以前は、ある寺院の檀家は、その寺院の僧侶が立派であり、その僧侶に先祖を供養してもらいたいと願うからこそ、その寺の檀家となり、布施を通して経済的に支えたのである。当然のことながら、もし僧侶が堕落したとしたら、檀家はその僧侶・寺院を見限って、別の寺を檀那寺にすることも自由であった。そのような事態になれば寺院は立ち行かず、僧侶も生きていくこともできなくなるため、僧侶は檀家に見限られないよう、清浄な聖職者としてあり続ける努力をしなければならなかったのである。

　ところが江戸時代になり、檀家と檀那寺の関係が制度的に固定化され、さらに檀那寺に寺請状（禁教の信奉者でないことの証明書。結婚、旅行、転居、就職などの際に必須であった）を発行する権限を与えたことで、僧侶は清浄であるための努力をしなくても、寺請状の「発行手数料」と葬祭儀礼の執行を通して、安定した収入を得ることが可能となった。そのため腐敗した僧侶も現れるようになり、彼らから苦しめられる庶民の姿を綴った史料も多く残されている。このように、現代における「葬式仏教批判」の根源は、江戸時代の寺請制度・寺檀制度に求めることが可能であろう。
（6）原語は「ウパーヤ **upāya**」で、原意は「接近」である。巷では「方便を通して覚りに接近するからウパーヤという語を用いる」という説明を見かけることもあるが、「ブッダが私たちを救うために、私たちの元に近づいてくださったからウパーヤという語を用いる」という理解の方が妥当である。接近するのはそれを講じる側なのであって、受ける側ではない。受ける側に適用したかったのであれば、使役形の「接近させる」を用いたはずである。誤解のないように願いたい。
（7）この点については、本章104～108頁参照。
（8）「私と小鳥とすずと」（金子みすゞ作、『わたしと小鳥とすずと―金子みすゞ童謡集』、

ＪＵＬＡ出版局、一九八四年、一〇六、一〇七頁）より。

（9）「世界に一つだけの花」（槇原敬之作詞・作曲）はＳＭＡＰに楽曲提供され、二〇〇二年七月に発売された。

（10）mā ekena dve agamittha//（*Vin* i. 21.3-4）

（11）*Vin* i. 39.28-40.34.

（12）以下の〈梵天勧請説話〉を巡る議論は、鈴木［2012］に基づくものである。

（13）ahañ ceva kho pana dhammaṃ deseyyaṃ pare ca me na ājāneyyuṃ/ so mam' assa kilamatho/ sā mam' assa vihesā//（*Vin* i. 5.5-6）

（14）kicchena me adhigataṃ halaṃ dāni pakāsituṃ rāgadosaparetehi nāyaṃ dhammo susambudho/ paṭisotagāmi nipuṇaṃ gambhīraṃ duddasaṃ aṇuṃ rāgarattā na dakkhanti tamokhandhena āvutā//（*Vin* i. 5.8-11）

（15）adhigato kho my āyaṃ dhammo gambhīro duddaso duranubodho santo paṇīto atakkāvacaro nipuṇo paṇḍitavedanīyo// ālayarāmā kho panāyaṃ pajā ālayaratā ālayasammuditā// ālayarāmāya kho pana pajāya ālayaratāya ālayasammuditāya duddasaṃ idaṃ ṭhānaṃ yad idaṃ idappaccayatā paṭiccasamuppādo//（*Vin* i. 4.33-5.1）

（16）vihiṃsasaññī paguṇaṃ na bhāsi dhammaṃ paṇītaṃ manujesu（*Vin* i. 7.6）

(17) nassati vata bho loko/ vinassati vata bho loko/ yatra hi nāma tathāgatassa arahato sammāsambuddhassa appossukkatāya cittaṃ namati no dhammadesanāya (*Vin* i. 5.15-17)

(18) desetu bhante bhagavā dhammaṃ/ desetu sugato dhammaṃ/ . . . apāpur' etaṃ amatassa dvāraṃ (*Vin* i. 5.24-31)

(19) 憍陳如《きょうじんにょ》（カウンディニャ　Kauṇḍinya。後の阿若《あにゃ》憍陳如 Ājñātakauṇḍinya）、婆数《ばす》（バーシュパ　Bāṣpa）、婆提《ばだい》（バドリカ　Bhadrika）、摩訶男《まかなん》（マハーナーマン　Mahānāman）、阿説示《あせつじ》（アシュヴァジット　Aśvajit）の五名。

(20) Vārāṇasī。現地語には「バナーラス」という別名もある。「ナ行」と「ラ行」が入れ替わっているのは、言語学でいう「音位転換 metathesis」という現象である。

(21) 日本聖書協会刊行『新約聖書　新共同訳』「ヨハネによる福音書《ふくいんしょ》」一・一。

(22) 四つの真実のこと。「四つの真理」と訳されることもあるが、仏教における真理は涅槃・覚りという内的体験であり、「四諦」という教説そのものではない。「諦」の原語 satya（サティヤ、真実。事実と違わないこと）を踏まえた上で、「真理」ではなく「真実」と訳出した方が妥当である。

(23) 「滅」の原語「ニローダ nirodha」は「制御する、抑制する、コントロールする」の意であり、「消滅する」を第一義としない。一方、漢語で「滅」という場合、「消える、滅びる」というニュアンスが強いため（『諸橋大漢和辞典』第七巻、一七六頁）、漢語のみを用いて四諦を理解しようとすると、誤解を生じてしまう場合が多い。鈴木［2006a］参照。

（24）katamā ca sā bhikkhave majjhimā paṭipadā tathāgatena abhisambuddhā cakkhukaraṇī ñāṇakaraṇī upasamāya abhiññāya sambodhāya nibbānāya saṃvattati// ayam eva ariyo aṭṭhaṅgiko maggo/ seyyath' īdaṃ// sammādiṭṭhi sammāsaṃkappo sammāvācā sammākammanto sammā-ājīvo sammāvāyāmo sammāsati sammāsamādhi//（*Vin* i. 10.17-22）

（25）覚り体験が大切だからこそ、そこに至る手段である教説も非常に大切になる。もし患者が「私にとって大切なのは健康だけだ。治療も薬も不要だ」と言うならば、その人はいつまでたっても健康を回復することはできないであろう。

（26）yaṃ kiñci subhāsitaṃ sabban taṃ tassa bhagavato vacanaṃ arahato sammāsambuddhassa（AN iv. 164.7-9）

（27）いつであれ、人々を涅槃・覚りへと導く教えが講じられるときには、そのことば・教えは「釈尊の直説」として認められる。このことは取りも直さず、人々を救う釈尊の「ハタラキ」は、善巧方便が講じられる限り永遠にこの世に存在することを意味する。このように釈尊の永遠の現存は、実は大乗経典が初めて提唱したものではなく、仏教誕生以来、仏教世界における共通理解だったのである。

第5章　亡くなった人に戒名を授けるのは正しい

（1）開祖親鸞の、非僧非俗の精神に基づいて具足戒を捨てた浄土真宗と、『妙法蓮華経』の「この経典の受持をもって持戒と名づく」（大正蔵No. 262, 34b15-17）に基づいて『法華経』受持のみを戒とする日蓮宗では、戒名とは呼ばず、それぞれ「法名」「法号」と呼称する。

（2）**Pali: Gotama Siddhattha. Sanskrit: Gautama Siddhārtha.**「ゴータマ仙の末裔にして、目的を成就した者」の意。

（3）釈尊の生没年には諸説あり、結論を見ていない。というよりむしろ、「歴史のない国」といわれるインドにおいて、古代の特定の人物の生没年が絞り込めることだけでも、非常に珍しいのである。筆者は他の多くの日本人研究者と同様、中村［1992a］の「紀元前463-383」を採用している。

（4）原文とその和訳を載せる。訳出に際しては、平木［2004］も参照した。

tassa mayhaṃ aggivessana etad ahosi// yan nūnāhaṃ thokaṃ thokaṃ āhāraṃ āhāreyyaṃ pasataṃ pasataṃ/ yadi vā muggayūsaṃ yadi vā kulatthayūsaṃ yadi vā kaḷāyayūsaṃ yadi vā hareṇukayūsan ti// so kho ahaṃ aggivessana thokaṃ thokaṃ āhāraṃ āhāresiṃ pasataṃ pasataṃ/ yadi vā muggayūsaṃ yadi vā kulatthayūsaṃ yadi vā kaḷāyayūsaṃ yadi vā hareṇukayūsaṃ// tassa mayhaṃ aggivessana thokaṃ thokaṃ āhāraṃ āhārayato pasataṃ pasataṃ/ yadi vā muggayūsaṃ yadi vā kulatthayūsaṃ yadi vā kaḷāyayūsaṃ yadi vā hareṇukayūsaṃ/ adhimattakasimānaṃ patto kāyo hoti// seyyathā pi nāma asītikapabbāni vā kālāpabbāni vā evam eva 'ssu me aṅgapaccaṅgāni bhavanti tāy' ev' appāhāratāya/ seyyathā pi nāma oṭṭhapadaṃ evam eva 'ssu me ānisadaṃ hoti tāy' ev' appāhāratāya/ seyyathā pi nāma vaṭṭanāvaḷī evam eva 'ssu me piṭṭhikaṇṭako unnatāvanato hoti tāy' ev' appāhāratāya/ seyyathā pi nāma jarasālāya gopānasiyo oluggaviluggā bhavanti evam eva 'ssu me phāsuḷiyo oluggaviluggā bhavanti tāy' ev' appāhāratāya/ seyyathā pi nāma gambhīre udapāne udakatārakā gambhīragatā okkhāyikā dissanti evam eva 'ssu me akkhikūpesu akkhitārakā gambhīragatā okkhāyikā dissanti tāy' ev' appāhāratāya/ seyyathā pi nāma tittakālābu āmakacchinno vātātapena samputito hoti sammilāto evam eva 'ssu me sīsacchavi samputitā hoti sammilātā tāy' ev' appāhāratāya//

so kho ahaṃ aggivessana udaracchaviṃ parimasissāmīti piṭṭhikaṇṭakaṃ yeva pariganhāmi/ piṭṭhikaṇṭakaṃ parimasissāmīti udaracchaviṃ yeva pariganhāmi// yāva 'ssu me aggivessana udaracchavi piṭṭhikaṇṭakaṃ allīnā hoti tāy' ev' appāhāratāya// so kho ahaṃ aggivessana vaccaṃ vā muttaṃ vā karissāmīti tatth' eva avakujjo papatāmi tāy' ev' appāhāratāya// so kho ahaṃ aggivessana imam eva kāyaṃ assāsento pāṇinā gattāni anomajjāmi/ tassa mayhaṃ aggivessana pāṇinā gattāni anomajjato pūtimūlāni lomāni kāyasmā papatanti tāy' ev' appāhāratāya//

api 'ssu maṃ aggivessana manussā disvā evam āhaṃsu/ kāḷo samaṇo gotamo ti// ekacce manussā evam āhaṃsu// na kāḷo samaṇo gotamo/ sāmo samaṇo gotamo ti// ekacce manussā evam āhaṃsu/ na kāḷo samaṇo gotamo na pi sāmo/ maṅgulacchavi samaṇo gotamo ti// yāva 'ssu me aggivessana tāva parisuddho chavivaṇṇo pariyodāto upahato hoti tāy' ev' appāhāratāya// （*MN* i. 245.17-246.19）

〔釈尊〕「そのとき私はこう思った。〝緑豆の汁や、カラス豌豆の汁や、大豆の汁や、豌豆の汁などの食物を、ほんの少しずつ、ほんの少量ずつ、摂るようにしてはどうか〟と。そこで私は、緑豆の汁や、カラス豌豆の汁や、大豆の汁や、豌豆の汁などの食物を、ほんの少しずつ、ほんの少量ずつ摂った。私が、緑豆の汁や、カラス豌豆の汁や、大豆の汁や、豌豆の汁などの食物を、ほんの少しずつ、ほんの少量しか摂らないうちに、私の身体はひどく痩せ衰えてしまったのであった。その極度の少食のせいで、私の手足はアーシーティカー草やカーラー草の節のようになってしまい、私の臀部はラクダの足の裏のように〔平らに〕なってしまい、私の脊柱は紡錘の連鎖のようにでこぼこになってしまい、私の肋骨はいまにもつぶれそうなぼろぼろの家の垂木のようになってしまい、私の眼窩に潜む瞳は、深い井戸の底に沈む水が輝くようにギラギラと光ってしまい、私の頭皮は、熟さぬうちに切り取られ、炎熱によって縮んで皺が寄って萎んでしまったニガウリのように、縮んで皺が寄って萎んでしまったのであった。

　腹の皮を摑もうと思って私が実際に摑んだのは背骨であり、背骨を摑もうと思って私が実際に摑んだのは腹の皮であった。その極度の少食のせいで、私の腹の皮と背骨とがくっつくほどまでになってしまったのであった。お手洗いに立とうとしてもその場に崩れ落ちてしまい、また、身体をいたわろうと手で五体を順次にさすると、腐った毛根とともに体毛が抜け落ちてしまった。

　すると、人々は私を見て口々に〝沙門ゴータマは黒い〟と言った。また、〝いや、沙門ゴータマは黒いのではなく、黒褐色なのだ〟、あるいは〝いや、沙門ゴータマは黒いのでも黒褐色なのでもない。青白いのだ〟と言う人々もあった。かつては清浄で清潔であった私の肌の色は、それほどまでに損なわれていたのである。これらは全て、その極度の少食のせいなのであった」

（5）原文とその和訳を載せる。なお、乳粥供養をしたのは、苦行林に近いセーナーニー村の村長の娘スジャーター（Sujātā）と伝えられている。

tassa mayhaṃ aggivessana etad ahosi// na kho taṃ sukaraṃ sukhaṃ adhigantuṃ evaṃ

adhimattakasimānānaṃ pattakāyena/ yan nūnāhaṃ oḷārikaṃ āhāraṃ āhāreyyaṃ odanakummāsan ti/ so kho ahaṃ aggivessana oḷārikaṃ āhāraṃ āhāresiṃ odanakummāsaṃ//（*MN* i. 247.6-10）

〔釈尊〕「そこで私はこのように思った。〝このようにひどく痩せ細った身体では、涅槃を証得することは容易ではない。さあ、私は粗食の米粥を摂ることにしよう〟と。そしてついに私は〔苦行を放棄し〕粗食の米粥を摂ったのである」

（６）yan no samaṇo gotamo dhammaṃ adhigamissati tan no ārocessatīti//（*MN* i. 247.11-12）

（７）bāhuliko samaṇo gotamo padhānavibbhanto āvatto bāhullāyāti//（*MN* i. 247.15-16）

（８）綴りは「Mṛgadāva」。パーリ語では「ミガダーヤ　Migadāya」。

（９）現地発音は「ガンガー　Gaṅgā」である。

（10）atha khvāhaṃ bhikkhave anupubbena cārikaṃ caramāno yena bārāṇasī isipatanaṃ migadāyo yena pañcavaggiyā bhikkhū ten' upasaṅkamiṃ//

addasāsuṃ kho maṃ bhikkhave pañcavaggiyā bhikkhū dūrato va āgacchantaṃ/ disvāna aññamaññaṃ saṇṭhapesuṃ// ayaṃ āvuso samaṇo gotamo āgacchati/ bāhuliko padhānavibbhanto āvatto bāhullāya/ so n' eva abhivādetabbo na paccuṭṭhātabbo/ nāssa pattacīvaraṃ paṭiggahetabbaṃ/ api ca kho āsanaṃ ṭhapetabbaṃ/ sace ākaṅkhissati nisīdissatīti//

yathā yathā kho ahaṃ bhikkhave upasaṅkamāmi tathā tathā pañcavaggiyā bhikkhū nāsakkhiṃsu sakāya katikāya saṇṭhātuṃ// app-ekacce maṃ paccuggantvā pattacīvaraṃ paṭiggahesuṃ/ app-ekacce āsanaṃ paññāpesuṃ/ app-ekacce pādodakaṃ upaṭṭhāpesuṃ/ api ca kho maṃ nāmena ca āvusovādena ca samudācaranti//

evaṃ vutte ahaṃ bhikkhave pañcavaggiye bhikkhū etad avocaṃ// mā bhikkhave tathāgataṃ nāmena ca āvusovādena ca samudācarittha// arahaṃ bhikkhave tathāgato sammāsambuddho// （*MN* i. 171.18-172.1）

（11）『無量寿経』（原題：スカーヴァティーヴューハ　*Sukhāvatīvyūha*）には、法蔵（ダルマーカラ　Dharmākara）という名の比丘が、世自在王（ローケーシュヴァララージャ　Lokeśvararāja）如来の在世時に、四十八（原典では四十七）の誓願を立て、それら全てを実現して阿弥陀仏（Amitāyus, Amitābha。無量の寿命、無量の光明を持つもの）と成り、極楽（スカーヴァティー　Sukhāvatī）という仏国土を建設したことが描かれている。特にその第十八願（原典では第十九願）は〈念仏往生の願〉とも呼ばれ、古来浄土教において重要視されてきた。

sacen me bhagavan bodhiprāptasyāprameyāsaṃkyeyeṣu buddhakṣetreṣu ye sattvā mama nāmadheyaṃ śrutvā tatra buddhakṣetre cittaṃ preṣayeyur upapattaye kuśalamūlāni ca pariṇāmayeyus te ca tatra buddhakṣetre nopapadyerann antaśo daśabhiś cittotpādaparivartaiḥ

sthāpayitvānantaryakāriṇaḥ saddharmapratikṣepāvaraṇāvṛtāṃś ca sattvān mā tāvad aham anuttarāṃ samyaksaṃbodhim abhisaṃbudhyeyam |19| (*Sukh* 18.4-10)

世尊よ、私が覚りに到達したにもかかわらず、無数・無量の仏国土にいる衆生たちが私の名号を聞いて、その〔極楽という私の〕仏国土に生まれ変わりたいと思いを向け、諸々の善根を振り向けたとして、十度までも心を発したのにその〔極楽という私の〕仏国土に生まれ変わってこない（極楽往生しない）ようなことがあれば、私はこの上ない完全な覚りを得ることはいたしません。ただし、無間〔地獄に堕ちるほどの悪〕業をなした者たちや、正法を誹謗するという〔煩悩の〕覆いにおおわれている者たちは、その限りではありません。

あとがき

拙著『葬式仏教正当論―仏典で実証する―』を最後までお読みいただきまことにありがとうございます。いかがでしたでしょうか。

本書に示しましたように、葬祭の執行も、戒名の授与も、仏教の開祖であるお釈迦さまに由来する、正当かつ正統な仏教行為だったのです。日本の仏教に携わる方々には、回復された自信とともに、よりいっそうの責任感をもって葬儀、仏事に臨んでいただき、さらに救い・恵みを求める方々に対しても、ますます進んで向かい合っていただきたいと念じております。また、読者の中には、仏教に関心のある方だけでなく、仏教（特に日本仏教や日本の僧侶）に対して不信感や反感を持たれている方もおありでしょう。

「何、葬式仏教正当論だと？　一体何を言ってるんだ！　お前の間違いを指摘してやる」と思って本書を手に取られた方も、あったかもしれません。

そのような方も含めて、本書の読者であるみなさん全員に、深く感謝いたします。筆者の解釈に対して賛成の方も反対の方も、どちらも筆者の提示する「葬式仏教が正当かどうか」という議論に参加しようと思われ、実際に本書を手にとって下さったわけですから、それだけで、筆者にとっては身に余る光栄だと感じています。

仏教が誕生してから二千五百年ほど経ちました。

長い歴史の風雪に耐えてきたものは、何であれ、なにがしかの真実・ホンモノを持っていると筆者は考えています。インチキやニセモノは一時は華やかで人々の耳目を集めたとしても、時間が経てば必ずほころびを露呈します。たとえば、暴君や独裁者がそうですね。彼らは一時は無敵に見えますが、結局、最後は滅びていきます。歴史がそれを証明しています。そして事情は宗教においても全く同じなのです。インチキな宗教、ニセモノの宗教は、結局は「ぼろ」が出て、糾弾され、滅びていきました。インチキ・ニセモノは、歴史の風雪には耐えられないのです。そのような視点に立つとき、仏教にもなにがしかの真実・ホンモノがあることは疑いありません。過去からの遺産としての経典や祖師の教えは、その最たるものでしょう。実際、本書も仏典に導かれながら、葬式仏教の正当性・正統性を実証してまいりました。

ただ、仏教の「真実・ホンモノ」を「過去の遺産としての経典や祖師の教え」のみに限定してしまうならば、仏教も結局は「昔の人が説いた教え」に過ぎなくなってしまいます。「日本仏教は葬式仏教だ！」と批判される方々も実は、日本の仏教が「過去の遺産」を大切にするのみで、現代日本人に応じた有効な救いの手（方便）を伸ばしていないではないか、という不満があって、種々の批判を展開されているのではないかと愚考します。いかに「釈尊は僧侶が葬式を執行するのを禁じた」というのが原典の誤読・誤解によるものであり、そのことだけをもっての日本仏教批判が的外れなものであることが判明した今となっても、日本仏教に携わる方々は自らに向けられた批判に含意されたメッセージ（密意《みっち》）に真摯に耳を傾け、経典や祖師の教えを基礎としつつ方便を講ずる力を積極的に磨き、それを発揮しなければならないはずです。

本書で述べましたように、仏教における「釈尊のことば」は、キリスト教やイスラームにおける「神のことば」とは全く異なるものです。そのことを忘れ、あるいは気がつかずに、「過去の遺産としての経典や祖師の教え」のみをもってこと足れりとするのであれば、釈尊や祖師のことばは「過去のことば」となり、釈尊や祖師も「過去の聖人」となり、そして何より仏教そのものが「過去の宗教」となってしまうでしょう。そうならないためには何をすべきかも本書は提示させていただいたつもりですし、現在、興山舎刊・月刊『寺門興隆』誌上において連載中の「最新仏教文化基礎講座」（二〇一一年四月号より）も、同様の趣旨で書かせていただいています。

本書のもとになったものは、勤務校である山口県立大学の紀要に掲載された拙論「日本仏教は「葬式仏教」か―現代日本仏教を問い直す―」です。その後、月刊『寺門興隆』における五回の連載を経て、このようなかたちで刊行させていただくことになりました。今回単行本として刊行されるにあたり、第二章を中心に大幅な加筆を施した上、連載ではかなわなかった注を、インド語原文・和訳（原文がパーリ語であっても、和訳語にはサンスクリット表記を用いたものもあります）を含め、やや詳しく付けました。そちらまでお目通しいただければいっそう理解を深めていただけるものと思っていますが、本文だけでも十分内容を把握できるよう書かせていただいたつもりです。

　ここに至るまでには、神奈川県安国論寺住職玉川覺祥師、徳島県西光寺住職村上公教師、福島県徳成寺住職三村眞城師をはじめとする、筆者の想いに共感して下さった多くの方々との仏縁がありました。筆者にとっては望外の喜びです。みなさま方からの応援がなければ、本書がこのようなかたちで世に出ることはなかったでありましょう。心から感謝を申し上げます。

　末筆となりましたが、興山舎代表取締役阿部信顕師、同社編集発行人矢澤澄道師はじめ月刊『寺門興隆』編集部のみなさん、そして同社出版部の長谷川葉月さんは、未熟な筆者を今日まで導き、見守り、無事に刊行まで漕ぎ着けて下さいました。この場を借りて篤くお礼を申し上げます。

二〇一三年十月

鈴木隆泰

本書は月刊『寺門興隆』（興山舎刊）二〇一〇年十一月号から
二〇一一年三月号までの連載をもとに加筆、編集したものです。

著者紹介
鈴木 隆泰 *Suzuki Takayasu*
1964（昭和 39）年東京都生まれ。東大工学部・文学部卒、東大大学院人文社会系研究科博士課程中退。東大にて博士（文学）。東大東洋文化研究所助手、山口県立大教授、同大学院国際文化学研究科長を経て現在、同大附属図書館長。2004（平成 16）年に日本印度学仏教学会賞を受賞。専門はインド哲学仏教学、インド大乗経典研究。東京都日蓮宗善應院住職。著書『本当の仏教 第 1 巻』（興山舎、2014 年）。

葬式仏教正当論 ―仏典で実証する―

二〇一三年十一月十五日 第一刷発行
二〇一五年 五月十五日 第二刷発行

著 者 鈴木 隆泰
発行者 矢澤 澄道
発行所 株式会社 興山舎
東京都港区芝大門一―三―六 〒一〇五―〇〇一二
電話〇三―五四〇二―六六〇一
振替〇〇一九〇―七―七七一三六
http://www.kohzansha.com/
印刷・製本 中央精版印刷 株式会社

ISBN978-4-904139-86-8 C0015
定価はカバーに表示してあります。